대한민국
악인열전

이 도서의 국립중앙도서관 출판예정도서목록(CIP)은 서지정보유통지원시스템 홈페이지(http://seoji.nl.go.kr)와
국가자료공동목록시스템(http://www.nl.go.kr/kolisnet)에서 이용하실 수 있습니다. (CIP제어번호 : CIP2016004207)

교과서에선 볼 수 없는 부끄러운 역사

대한민국
악인열전

임종금 지음

이 책이 나오기까지

시작은 〈풍운아 채현국〉(피플파워, 김주완 기록)이었다. 채현국 효암학원 이사장은 1950년대 악인 중 악인으로 이협우를 꼽았다. 경주 출생이라고 했다. 나도 경주 출생이지만 듣지 못한 이름이다. 곧 여든이 되는 아버지는 "그런 사람이 있었다. 권총을 차고 국회의원 선거를 했다"고 회상했다. 이협우의 학살 행적과 일생을 정리해 내가 필진으로 있는 〈딴지일보〉에 기고했다. 반응이 매우 좋았다.

김주완 경남도민일보 출판미디어국장은 "임 팀장, 이협우 같은 사람이 또 있을 수 있으니 찾아봐라"고 했다. 고르고 고른 끝에 8명을 찾아냈다. 일제강점기, 혹은 한국전쟁 시기 '매국노 이완용', '이승만 독재정권' 같은 거대한 이름 뒤에 엄청난 행적을 감춘 채 묻혀 있던 사람들이었다.

이들의 행적을 정리해 2015년 6월 7일부터 7월 20일까지 경남도민일보 홈페이지에 '광복 70년 잊지 말아야 할 이름들'이라는 제목으로 7회에 걸쳐 연재 기사를 썼다. 기사 상단에는 다음과 같은 전문을 달았다.

"올해는 광복 70년이 되는 해입니다. 하지만 역사를 좋아하는 사람들도 한국 근현대사를 생각하면 가슴이 막막하고 불편하다고 합니다. 어느 한 곳 밝은 구석을 찾아보기 힘든 근현대사를 쭉 돌이켜 보면 그 불편함은 이해가 되고도 남습니다. 그래서인지 '태정태세문단세'를 외워대던 교과서에서도 근현대사는 얼렁뚱땅 넘어가고 맙니다.

덕분에 우리가 아는 건 단순합니다. 일제 침략으로 우리 민족은 고생했고, 더러는 일제에 맞서 독립운동도 했고, 더러는 이완용처럼 친일파가 됐다는 선에서 근대사는 정리됩니다. 현대사는 미소 냉전으로 분단이 됐고, 김일성이 한국전쟁을 일으켜 많은 사람이 죽었고, 전쟁 후 이승만·박정희·전두환은 독재를 했고, 더러는 민주화운동을 했다고 합니다. 박정희 정권 이후 국민들이 열심히 노력해서 풍요로운 나라를 일굼으로써 현대사는 끝이 납니다. 흡사 KTX를 타고 부산역에서 서울역까지 창가로 비치는 풍경을 보고 한국을 다 봤다는 느낌입니다.

해서 많은 것들이 잊혔습니다. 친일반민족행위자는 이완용이라는 이름을 방패막이로 내세우고 다 숨어 버렸습니다. 해방 후 부당한 권력에 의해 억울하게 학살된 수많은 민중에 대해서도 '시대가 그랬다'는 막연한 논리로 덮어 버렸습니다.

하지만 아무리 시대적 상황이 그랬다 치더라도, 도저히 용서할 수 없는 근현대사의 악인들이 있습니다. 그런 악랄한 자들에 대해 이야기해 볼까 합니다. 왜 그자들을 '결코 잊지 말아야 하는지'에 대해 말하고자 합니다. 군인, 우익단체, 친일경찰, 친일헌병, 친일깡패, 토호, 해외인사 등 각 분야에서 대표적인 악인들이 취재 대상입니다. 이들을 기록으로 남겨 영원히 후세의 교훈으로 삼고자 합니다."

기사 하단에는 독자들이 자발적으로 기사에 대해 돈을 낼 수 있는 '뉴스펀딩' 시스템을 달았다. 돈을 한 번 내기 위해서 이상한 프로그램을 설치하기도 하고 온갖 정보들을 넣어야 했지만 불편을 감수하고 150여 명 독자들이 160만 원을 펀딩해 주었다. 돈을 내고 싶어도 시스템이 불편해서 내지 못한 독자들은 '계좌번호를 공개하면 돈을 넣어주겠다'고 하는 사람들이 많았고, 심지어 술자리에서 현금을 쥐어 주며 '나도 기사에 펀딩하겠다'고 한 사람들도 있었다. 이를 모두 정중히 거절하고 오로지 결제 시스템으로 들어온 돈이 160만 원이었다.

이 귀한 돈을 바탕으로 조금 더 자료를 모으고, 글을 다듬어 완성도를 높였다. 기사 연재 중에 이미 몇몇 출판사에서 출판 제의가 왔지만 처음 이 프로젝트가 시작된 〈풍운아 채현국〉의 출판사 '피플파워'로 정했다.

기사를 마무리한 후 여러 일들이 있었다. 모 인터넷 언론사는 아무 양해 없이 기사를 그대로 베껴가는 일도 있었고, 어느 종편에서는 내 기사를 거의 그대로 읽으면서 방송하는 일도 있었다. 유명 인터넷 커뮤니티에서는 뒤늦게 화제가 돼 '베스트 오브 베스트'에 오르기도 했다.

이 책은 많은 사람의 땀과 노력이 어우러진 공동 저작물이라 생각한다. 감사를 표해야 할 곳이 너무 많다. 사실 민족문제연구소와 진실화해위원회의 진상 규명 노력이 없었다면, 근현대사 문제를 조명한 사학자·언론인들의 노력이 없었다면 이런 시도는 꿈도 꾸지 못했을 것이다. 나는 다만 지금까지 나온 자료를 정리하고 보기 좋게 포장한 것에 불과하다.

앞서 언급했듯이 채현국 효암학원 이사장과 김주완 경남도민일보 출판미디어국장, 온갖 불편을 감수하고 뉴스펀딩에 참여해 주신 분, 비록 뉴스펀딩에 참여하지 못했으나 입소문으로 SNS로 공유해 주신 분들에게 일일이 다 감사하다는 인사드리지 못해 송구할 따름이다. 끝으로 광복 70주년을 즈음해 건국절 논란, 역사교과서 국정화 논란, 위안부 밀실 합의 등으로 국민들에게 역사에 대한 관심을 크게 높여 준 사람들에게도 감사를 표한다.

2016. 02 임종금

첫 번째

백두산 호랑이를 자칭했던 살인마 / 김종원

여섯 번째
음모와 공작의 달인 / 김창룡

일곱 번째
일제도 감복한 친일 인사 / 김동한과 후예들

첫 번째

백두산 호랑이를 자칭했던 살인마

김종원

지옥에서 살아온 사람

김종원은 1922년 7월 8일 경북 경산군 중방동에서 태어났다. 이후 정확히 어느 학교를 다녔는지는 확인되지 않고 있다.

1940년 일본군에 하사관으로 자원입대한다. 당시 일본 육군 하사관은 잔인하기로 유명했다. 김종원은 태평양전쟁이 한창이던 1940년대 필리핀과 파푸아뉴기니에서 일본 군복을 입고 전투에 임했다. 특히 김종원이 참가했던 파푸아뉴기니는 일본군과 연합군(미군+호주군)의 치열한 공방이 있었던 곳으로 1942년 5월부터 1944년 8월까지 2년 넘게 전투가 이어졌다. 일제는 파푸아뉴기니에 조선인 강제징용자와 군징집자 4410명을 동원했는데, 그 가운데 4076명(92.43%)이 사망했다.

열대우림에서 일본군과 연합군은 질긴 소모전을 이어나갔고, 연합군은 일본군의 보급을 끊는 방법을 자주 썼다. 원숭이를 잡아먹고 인육을 먹으면서 버텼지만, 일본군 내에서 굶어죽은 이가 속출했다. 김종원은 이런 곳에서 살아남았다. 김종원은 이후 인육을 먹었던 것을 자랑스레 얘기하고 다녔고, 참혹한 전쟁터에서 길들여진 잔악한 기질을 갖고 있었다.

일제 패망 이후 김종원은 조선으로 복귀한다. 해방 직후 서울 동대문경찰서 교통과장으로 근무했고 1946년 남조선 국방경비대^{국군의 전신}가 창설되자 국방경비대 제1연대 A중대 소대장으

김종원

로 군 복무를 재개했다. 그러나 일본군 복무 당시 형성된 그
의 잔악한 기질로 한 자리에 오래 있지 못했다. 이미 경찰에
있을 때부터 부하 경찰과 체포된 사람을 심하게 폭행하는 등
악행으로 원성이 높아 자주 보직에서 해임되곤 했으며, 1947
년 9월 25일부터 1948년 6월 20일까지는 파면 상태에 있기도
했다.

잔악한 기질로 미국 군사고문단에도 미운털이 박힌 그에게
다시 기회를 준 사람은 초대 국군 총사령관인 송호성이다. 송
호성은 광복군 출신으로 국군 창군의 주역이었다. 국방경비대

육군 총사령관을 거처 1948년 11월 20일까지 국방경비대 최고사령관을 지냈다.

송호성의 배려로 군에 복귀한 김종원은 때마침 일어난 여수·순천사건^{여순사건}으로 인해 자신의 '역량'을 증명할 기회를 얻었다.

김종원의 살육

1948년 10월 19일 국군 14연대가 반란을 일으키고, 순식간에 여수와 순천 일대를 장악한다. 당시 5연대 1대대장이었던 김종원은 경남 마산에 주둔하고 있었고, 14연대에 장악당한 여수시를 탈환하기 위한 작전을 펼친다. 그러나 김종원은 해상으로 무모하게 상륙하려다 많은 부하를 잃었다. 진압군은 이후 전열을 정비해 10월 27일 장갑차와 박격포 포격을 앞세우며 여수신항을 통해 여수 시내로 진입했다. 그때 김종원은 박격포 공격을 했는데, 진압군이 미처 작전을 전개하기도 전에 박격포탄을 쏟아부어 국군에 적지 않은 피해를 입혔다. 이때 미국 군사고문단은 그의 작전능력을 형편없다고 평가했다.

여수 시내에 5연대가 진입했을 때 이미 14연대는 지리산 일대로 퇴각한 상태였다. 손쉽게 여수 시내를 장악한 진압군은

'부역자 처벌'을 하기 시작했다. 여기서 김종원은 잔악한 기질을 마음껏 드러낸다.

당시 여수중앙국민학교 운동장에 시민들을 모아 놓고 부역자를 색출하는 작업이 이뤄지고 있었다. 이때 젊은 남성 가운데 손바닥이 투박하거나 군용 팬티를 입고 있거나 머리가 짧은 사람은 부역자로 몰려 죽었다. 학교 운동장 한 편 버드나무 밑에서 김종원은 시내에서 따로 끌고 온 사람들을 일본도로 목을 베고, 베다 지치면 권총이나 소총으로 시험사격을 하듯 죽였다.

당시 증언자의 말에 따르면 김종원은 '인간으로서는 차마 할 수 없는' 짓을 하고 있었다. 이뿐만 아니라 어느 골목에서 마주한 청년들을 모두 현장에서 일본도로 베는 등 마치 분풀이를 하듯 사람들을 죽였다.

여수시 남면 안도에서는 무고로 인해 학살이 저질러졌다. 정치망 어장을 놓고 갈등 중이던 주민이 안도에 좌익이 많다고 허위로 고발한 것이다. 김종원은 주민들을 분류한 다음 인민군을 찾아내라며 패기 시작했고 이 과정에서 24세 한종일 씨 목을 직접 벴다. 이후 초등학교 교사인 이종섭과 김기정을 우체국 옆에서 사살하고 주민 40여 명을 결박하여 안도 선창으로 끌고 갔으며 이 가운데 11명을 학살했다. 그나마 끌고 가는 도중 병사들이 몰래 주민들을 풀어줘 희생자 숫자를 줄

여순사건 진압 후 부역자 처벌을 위해 시민들을 집결시킨 모습

일 수 있었다.

여수·순천사건을 진압한 그는 이듬해인 1949년 소령으로 승진해 부연대장을 맡았고, 그해 8월에는 연대장에 오르게 된다. 그는 3사단 휘하 23연대 지휘를 맡았는데, 23연대는 영남지역 빨치산들을 토벌하기 위해 조직한 부대였다.

그는 부대를 이끌고 여수, 제주도, 지리산 일대, 거제, 양산, 포항, 영덕, 경주, 울산, 고령 등을 돌면서 빨치산을 토벌했는데 이 과정에서 무수한 민간인들이 희생당했다. 이 가운데 영덕, 거제, 산청에서는 그가 저지른 학살이 기록돼 있고, 나머지 지역에서는 일부의 증언이 남아 있다. 구체적인 피해자 숫자와 기록이 남아 있는 사건들은 다음과 같다.

1950년 3월 그는 23연대를 이끌고 영덕에 주둔 중이었다. 영덕~영해 등 경북 동부지역에서는 김달삼이 이끄는 빨치산 부대가 활동하고 있었으나 1949년 대부분 토벌당한 상태였다. 1950년 3월 14일 영덕 중곡동에서 김종원은 빨치산과 내통했다는 혐의를 받고 체포된 3명을 처형했다. 당시 현장에서는 영덕경찰서 유치장에 갇혀 있던 33명이 처형 광경을 지켜보고 있었다. 이들은 아직 심문이 끝나지 않은 상태였는데 겁을 주기 위해 끌고 나온 것이다.

그런데 처형당하던 한 명이 '인민공화국 만세'를 외쳤다. 이에 분노한 김종원은 보고 있던 33명 가운데 31명을 학살했다.

군인이 뒤에서 총을 쏘면 파놓은 구덩이에 한 명씩 떨어지도
록 했는데, 그는 이것이 답답했는지 별안간 직접 총을 난사하
기 시작했다. 시신의 내장이 튀면서 현장은 난장판이 됐고, 그
걸 지켜본 사람은 며칠 동안 식사를 하지 못했다고 한다.

1950년 5월 30일 김종원 부대는 빨치산을 토벌하고 퇴각하
다 거제시 마전동 공동묘지에서 43명을 집단 학살했다.

진주지역을 시찰 중인 이동석 대령과 마중 나온 16연대 김종원 부연대장이
촉석루 앞에서 찍은 사진. 가운데 왼쪽 철모를 쓴 사람이
김종원이다. /전갑생 서울대 아시아연구소 연구원

끌려나가는 부산형무소 재소자·구금 민간인들
이들은 곧 학살당한다.

또한 한국전쟁 발발 후인 1950년 7월 15일에는 김종원 부대
에 의해 보도연맹원 160여 명이 영덕읍 화개리 뫼골에서 학살
당했다. 한때 '김종원이 영덕에서 수천 명을 죽였다'는 소문이
돌 정도로 영덕에서는 민간인 피해가 컸다.

김종원은 1950년 7~9월 일어난 마산·부산형무소 재소자
학살에도 개입했다고 한다. 김종원은 만약 북한군이 부산까지
쳐들어오면 형무소 재소자 3500명을 죽여야 한다고 미국 군사
고문단에 주장했으며 미국 군사고문단은 그를 만류하면서 '적
이 부산 외곽까지 쳐들어오면 기관총으로 사살해도 된다'고
허락했다고 한다.

결과적으로 부산형무소에서 1500명, 마산형무소에서 최소
717명, 진주형무소에서 최소 1200명 등 3400명의 재소자와
구금 중인 민간인들이 학살당했다. 당시 김종원은 헌병부사령
관 겸 경남지구위수사령관, 부산지구 헌병대장, 경남지구계엄

사령관을 역임했다.

1950년 8월 24일 양산 동면, 원동면, 물금면, 웅상면, 북면, 양산면, 하북면 등 7개 면 20~50대 주민 700여 명이 김종원 부대·23연대·경찰에 의해 학살됐다고 한다.

1951년 3월 김종원은 11사단 예하 부대를 이끌고 있었다고 한다. 당시 보도에 따르면 김종원 부대는 피난민 500여 명을 버스 11대에 태우고 산청군 시천면 외공리~점동 사이에 있는 소정골짜기에 내리게 한 뒤 모두 사살해 버렸다고 한다. 이를 '산청 외공리 학살'이라고 한다. 당시 오랜 빨치산 활동과 토벌의 반복으로 피난민 가운데 성인 남성은 거의 없었고 부녀자와 어린이 등이 대부분이었다.

2015년 8월 23일 경남 함양 벽송사에서 열린 '만남:빨치산과 토벌대' 행사에서 함양 마천면에서 김종원 당시 계엄지구 사령관에 의해 좌익으로 몰린 52명 가운데 51명이 학살당했다는 토벌대원의 증언이 나왔다.

김종원은 빨치산 토벌을 하면서 자신을 '백두산 호랑이'로 자칭하고, 자신의 부대를 맹호부대라고 칭했다. 이에 미국 군사고문단도 그를 '타이거 김'이라고 불렀다. 아직도 김종원 부대가 머문 지역 시골 어르신들은 '백두산 호랑이 김종원'을 기억할 정도로 그의 악명은 높았다. '백두산 호랑이 김종원이 온다'고 하면 울던 아이도 그친다는 소문이 돌 정도였다.

'골로 간다'는 말을 만든 사람들

김종원의 산청 외공리 학살을 이해하기 위해서는 당시 11사단을 이끌던 사단장 최덕신에 대해 짚고 넘어가야 한다. 최덕신은 누구였을까?

한국 현대사 비사를 많이 알고 있는 채현국 효암학원 이사장은 최덕신에 대해 이렇게 얘기한다. "최덕신이? 그 얼빠진 놈? 우리말도 옳게 할 줄 모르는 놈"이라고 일갈했다. 채 이사장 말대로 최덕신은 1913년 평북 의주 출생으로 9살 때 독립운동가인 아버지 최동오를 따라 중국으로 갔다. 아버지는 평생 독립운동에 투신했지만, 최덕신은 묘하게도 중국군에 입대했다. 광복 때 그의 직위는 상교^{대령}에 이르렀다. 1946년 귀국한 그는 우익 진영에 몸담았다. 육사를 졸업하고 미국 유학길에 올랐다가 한국전쟁이 터지자 1950년 8월 귀국하여 9월 11사단장에 취임했다.

11사단장 최덕신은 지리산 빨치산들을 토벌하기 위해 소위 '견벽청야'라는 작전을 수립한다. 이는 중국군 백승희 장군이 항일전 당시 쓰던 전술이었다. 이 작전에 따르면 전략적 거점은 견고하게 쌓고, 나머지 인원과 물자는 모두 불태우고 철수해 사실상 적이 어떤 물자도 노획하지 못하게 함으로써 적을 말려 죽이는 작전이다. 산간지대에서 물자가 부족한 빨치산을

월북 당시 최덕신 /한국학중앙연구원

대상으로는 최적의 작전이지만, 산간 주민들에게는 청천벽력 같은 작전이었다. 터전을 송두리째 내놓아야 하기 때문이다. 결국 곳곳에서 주민들을 향한 학살이 빈번하게 이어졌다.

최덕신의 11사단은 1950년 11월 전북 남원에서 90명, 12월 전남 함평에서 524명(함평학살사건), 1951년 2월 7일부터 9일까지 산청군 금서면 가현마을(123명)과 방곡마을(210명)에서 민간인을 살해하고, 함양군 휴천면 동강리 점촌마을에서 62명, 함양군 유림면 서주마을에서 310명을 학살했다. 이를 산청·함양 학살사건이라 한다. 이어 거창으로 넘어간 이들은 9일부터 11일까지 신원면에서 719명을 학살했다. 거창학살사건이다. 그리고 3월 김종원이 산청군 외공리에서 500명을 죽였다는 것이다. 이렇듯 11사단의 견벽청야 작전으로 인해 내륙지역 민간인 수천 명이 학살당했다.

이 중 거창학살 현장에서 용케 생존자가 있었다. 생존자는 11사단이 저지른 학살 사실을 알렸고 국회에서 진상조사단이 꾸려져 현장에 내려왔다. 김종원은 학살을 은폐하기 위해 국군 1개 소대를 빨치산으로 위장해 현장으로 가던 국회의원들을 기습했다. 빨치산을 토벌한 그가 빨치산 시늉을 한 것이다. 그러나 이 어설픈 작전은 곧 들통났고, 김종원은 징역 3년 형을 받게 된다.

거창사건 김종원 대령 관련기사

사단장인 최덕신은 처벌을 받지 않았다. 최덕신은 이후 정전회담 한국대표, 유엔총회 한국대표를 거쳐 1955년 육군 중장으로 예편했다. 1961년 외무부 장관을 지냈고, 1963년 주서독대사로 있다 스캔들을 일으켜 해임됐다. 1967년 천도교 교령이 됐다가 느닷없이 1976년 미국으로 도망쳐 박정희 정권 반대투쟁에 앞장섰다.

황당하게도 1981년에는 북한을 방문해 조국평화통일위원회 부위원장, 최고인민회의 8기 대의원國會議員 격, 조선종교인협의회 회장으로 활동하다 북한에서 죽었다. 죽은 뒤 북한 건국공신들이 묻힌다는 '혁명 열사릉'에 묻혔다. 그는 변신에 변신을 거듭하면서 중국, 남한, 북한 모두에서 고위직을 거친 전형적인 기회주의자였다.

김종원과 최덕신 등이 무차별적으로 민간인을 학살하면서 '골로 간다'는 말이 퍼지기 시작했다. 곧 골짜기로(골로) 끌려가 죽는다는 말로서, 한국전쟁 시기 거의 모든 지역에서 학살 사건이 일어났기 때문에 전쟁 이후 '골로 간다'는 말은 손쉽게 전국으로 퍼져나갔다. 골로 간다는 말이 신문 지상에 처음 언급된 것은 1956년 12월이었다. 시계밀수사건을 조사하던 검사에게 협박장이 날아왔는데 "모 의원을 잘 봐주지 않으면 골로 갈 줄 알아라"고 적혀 있었다. 어쨌든 '골로 간다'는 말을 대중화하는 데 김종원과 최덕신은 일조를 한 셈이다.

"충무공 이순신 같은 사람"

김종원의 총부리는 단순히 민간인만을 향한 것은 아니었다. 그는 부하들도 서슴없이 죽였다. 특히 즉결처분을 즐기는 걸로 유명했다. 대표적인 사례로 영덕에서 23연대장을 하고 있을 때 영덕 남방의 고지를 빼앗기자 고지 탈환 명령을 내렸는데, 소대장이 고지 탈환에 실패하자 소대장과 사병 1명을 즉결처분했다.

또한 육사 8기 장교들의 증언에 따르면 23연대에 일본군식 '반자이 돌격_{전멸을 각오한 단순한 정면 돌격}'을 지시하자 작전장교였던 중위가 이를 반대하고 우회돌격을 제안했다. 그러자 김종원은 옆에 있던 헌병에게 바로 총살하라고 지시했다. 작전장교는 권총을 뽑아들고 헌병과 대치하기도 했다. 부하들끼리 총을 겨누게 한 지휘관이었다. 심지어 미국 군사고문단이 보는 앞에서 부하를 죽이기도 했다.

......

"김종원이 자신의 부하들을 총으로 쏘아 죽이고 있다. 어젯밤에는 미군 전초기지에서 총질을 했다. 총 개머리판으로 부하를 구타하고 영덕에서 후퇴하는 사이 실종됐던 장교를 사살했다. 부하들이 김종원을 먼저 제거하지 않는 한 또다시 총질할 것으로 보인다."

-1950년 7월 26일 미군 군사고문단 에머릭 대령 보고서

....

그렇다면 이것저것 다 떠나서 그의 작전능력은 어땠을까? 〈노병들의 증언〉은 "학살에는 귀신, 전투에는 등신"이라고 했으며, 미국 군사고문단 보고서는 "부하에게 가혹하였고 전투에 비겁했던, 전술적 두뇌가 없었고 부하 장병들로부터 원성이 높았다"고 기록하고 있다. 그가 지키고 있던 영덕은 한국전쟁 때 하루 만에 북한군에 뺏겼으며, 미국 군사고문단의 기록에 의하면 "(김종원이)끝없이 후퇴하여 전투 때마다 어디론가 사라진 연대장을 찾느라 힘들었다"고 했을 정도였다.

그 시절 김종원은 차를 타고 다니다가도 자신에게 경례를 하지 않았다는 이유로 군인을 가혹하게 폭행하기도 했다. 미국 군사고문단의 보고서에는 무능한 데다 포악하기까지 한 그의 실책이 자주 거론되고 있다.

1950년 7월, 영덕을 빼앗기고 전투에 무능하고 부하들을 죽이는 행동을 더는 덮어둘 수 없었다. 김종원은 23연대장에서 해임됐다. 그러나 이승만은 바로 다음 달인 1950년 8월 김종원을 대령으로 승진시키고 헌병부사령관으로 임명했다. 그

의 나이 고작 28살이었다.

김종원은 언론사에도 두려운 존재였다. 그는 언론에 보도된 자신의 부대 기사를 반드시 챙겨 보고 자신을 '타이거 김, 백두산 호랑이'로 쓰도록 했다. 1950년 부산에서 헌병부사령관 겸 경남계엄지구 민사부장으로 있을 당시 부산 언론은 김종원과 관련된 기사를 항상 1면에 배치해주었다.

그러나 부산으로 피난 온 서울 언론들은 김종원의 기사를 전진 배치하지 않았을뿐더러, 김종원이 병사 단속을 잘 못한다는 비판 기사를 쓰기도 했다. 격분한 김종원은 당시 연합신문 부국장과 기자를 불러 중태에 이르도록 폭행했다. 결국 기자들의 항의로 이승만 대통령까지 나서 사과를 해야 할 정도로 기자들의 김종원에 대한 반감은 높았다.

하지만 그의 든든한 후원자로는 이승만이 있었다. 이승만은 김종원이 부산에 있을 때 그에게 직접 보고를 받는 일도 많았다. 이승만은 김종원을 아꼈고, 1952년 국회의원에게 총질을 한 그를 특별사면하고 경찰 간부로 채용한다.

김종원이 특별사면으로 석방될 때 군 내부에서 반대가 많았다. 특히 당시 이종찬 육군참모총장의 반대가 심했다. 그러자 김종원 석방을 놓고 이승만 대통령은 직접 성명을 발표하기로 하고 초안을 마련했다. 초안에는 '김종원은 애국 충정이 대단한 사람으로서 충무공 이순신과 견줄 만하다'는 내용이

김종원(왼쪽)과 이승만 /전갑생 서울대 아시아연구소 연구원

들어있었다. 이종찬은 이 내용을 듣자 '이건 예사로운 일이 아니다'라는 생각에 김종원을 석방하는 데 동의했다고 한다.

이후 김종원은 지리산지구 전투사령관, 전북경찰국장, 경남경찰국장, 경북경찰국장을 거친 후 1956년에는 지금으로 치면 경찰청장 격인 치안국장을 지냈다. 경찰에 있을 때도 그는 말썽을 일으켰다. 순시 도중 파출소장의 계급장을 떼어 내 안면이 있는 순경에게 달아주고, 부하 직원이 지켜보는 가운데서 경찰서장을 폭행하기도 했다. 경남경찰국장^{경남지방경찰청장 격} 시절 참모회의장에서 '인플레 때문에 시민들이 힘들다'는 말을 듣자, '수사과장! 당장 가서 인플레 잡아와!'라는 황당한 지시를 내리기도 했다.

1956년 9월 28일 오후, 장면 부통령이 민주당 전당대회에 참석했다가 습격을 당하는 일이 있었다. 장면 부통령은 총탄에 왼손을 다쳤다. 민주당원을 구속하는 선에서 사건이 수습되는 듯했다. 그러던 중 구속된 이덕신이 '치안국장 김종원이 배후다'고 폭로했다. 김종원은 이를 극구 부인했으며 당시 이승만 정권이 공고하던 시절이어서 이 사건은 흐지부지됐다.

승승장구하던 김종원에게 먹구름이 드리워진 것은 1960년 4·19혁명이었다. 그를 아끼던 이승만이 망명하고 그를 지켜줄 보호막이 사라지자 다시 장면 부통령^{당시 국무총리} 피습사건에 대해 조사가 이뤄졌다. 김종원에게 불리한 증언들이 나왔고 결국 김종원이 피습사건을 배후에서 지시했다는 사실이 드러났다. 김종원은 4년 형을 받고 복역하다 1961년 12월 당뇨병으로 병보석을 받아 출감했고, 1964년 1월 30일에 사망했다. 이때 그의 나이 불과 41살이었다.

김종원은 독실한 개신교 신자였다. 1956년 그는 〈기독시보〉에 기고한 글에서 "과거 수년 동안 군대와 경찰에서 지내는 동안 수만 명의 공비를 토벌하였는데 개중에는 억울한 죽임을 당한 분들도 있을 것이라는 인간적인 참회와 그간에 겪은 수많은 어마어마한 사건들을 통해 인간의 죄악성을 통감하고 하나님을 떠나서는 올바른 삶을 이룩할 수 없다는 심경에 도달하게 되어 입신하게 된 것이다"고 밝혔다. 그는 무차별적인 학살로 무고한 사람이 희생됐을 거라는 점을 알고 있었던 것이다.

사람 목을 잘라 이웃 지휘관에게 '선물'하는 게 장난이었던 김종원. 그런 그가 불과 20대 후반의 나이에 거의 무차별적인 권한을 받았고, 그는 살육으로 그 권한에 응답했다. 그것은 결국 이승만과 권부가 자신의 손에 피를 묻히지 않고 이 땅을 장악하기 위해서는 김종원과 같은 비정상적으로 날뛰는 존재가 꼭 필요했기 때문일 것이다. 김종원의 이름과 악행은 영원히 기억돼야 하겠지만 그를 비호하고 이용한 이승만, 당시 국방부 장관 신성모, 11사단장 최덕신 등의 이름 또한 결코 잊지 말아야 한다.

김종원 연표

- 1922년 7월 8일 경북 경산군 중방동 출생
- 1940~45년 일본군 하사관 자원입대, 파푸아뉴기니 전투와 필리핀 전투에 참여
- 1946년 1월 15일 남조선국방경비대 1연대 A중대 소대장
- 1948년 10월 5연대 1대대장으로 여순사건 진압에 나섬
- 1949년 2월 마산에서 16연대 창설, 부연대장
- 1949년 11월 18일 23연대장 취임, 경남·경북 일대 빨치산 토벌에 나섰으나 민간인 피해 극심
- 1949년 12월 일시적으로 부산 주둔 356부대장 맡았고 이후 23연대장으로 복귀
- 1950년 7월 영덕지구 전투에서 수차례 무능함을 드러내 23연대장에서 해임
- 1950년 8월 이승만 대통령, 김종원을 대령으로 승진시키고 헌병부사령관 겸 경남지구계엄사령관 임명
- 1950년 9월 23일 경남지구 계엄사령부 북구사령관에 임명
- 1951년 9월 거창학살사건 조사하러 온 국회 조사단 습격, 군법회의 회부
- 1951년 12월 16일 거창학살사건 국회 조사단 습격으로 징역 3년 선고 받음
- 1952년 3월 대통령 특별명령으로 석방

- 1952년 7월 28일 이승만 대통령 김종원을 경찰 특별채용, 전북경찰국장 임명
- 1953년 7월 서남지구전투경찰대 사령관
- 1953년 11월 28일~1954년 8월 26일 경남경찰국장
- 1954년 8월 28일~1955년 2월 15일 경북경찰국장
- 1955년 2월 16일~1956년 5월 26일 전남경찰국장
- 1956년 5월 26일~1957년 3월 11일 치안국장(경찰청장 격)
- 1956년 9월 28일 장면 부통령 피습 사건 배후인물로 지목
- 1960년 5월 장면 부통령 피습 배후조종 혐의로 구속, 서대문형무소서 복역
- 1962년 12월 서대문형무소서 복역하다 당뇨병으로 병보석
- 1964년 1월 30일 사망

좌익과 우익은
민간인을
얼마나 죽였는가?

1950년 경북 경주시 양남면 상라리에서 김달삼 계열 빨치산은 우익으로 지목된 김씨 일가 18명을 집에 가둔 후 불태워 죽였다. 이렇듯 좌익에 의한 학살이나 민간인 희생도 적지 않았다. 1952년 〈대한민국통계연감〉에 의하면 북한군 및 좌익세력에 의해 학살된 민간인의 숫자가 총 12만 2799명에 달하고, 납북된 숫자는 8만 4532명에 달한다.

그러나 우익 및 군·경에게 학살당한 숫자는 이것보다는 훨씬 많을 것이라 추정된다. 이미 한국전쟁이 일어나기 전 제주 4·3항쟁, 여순사건, 10·1사건 등으로 인해 근 10만 명의 민간인이 희생된 상태였다. 여기에 보도연맹 학살 20만~50만 명과 예비검속^{범죄 혐의가 의심되거나 우려된다는 이유로 미리 잡아 가두는 일}, 형무소 학살, 지방우익단체 및 대책위원회에 의한 학살, 북한군에 빼앗긴 지역을 수복한 후 보복학살 등을 포함하면 그 숫자가 100만 명에 달할 것으로 연구자들은 추정한다.

그렇다면 왜 이렇게 학살 숫자에 차이가 큰 걸까? 대략 3가지 정도로 그 원인을 분석할 수 있다.

첫째, 좌익 및 인민군이 점령지를 장악한 기간은 그리 길지 않다. 해당 지역을 점령하면 인민위원회를 설치하고 행정권을 장악했다. 그러나 오랫동안 그 지역에서 체계적으로 행정권을 장악했던 경찰이나 공무원 등이 사라졌기 때문에 1~2개월 남짓한 기간에 체계적인 대규모 학살을 저지르기는 무리가 있다. 반면 우익 및 군·경이 꾸준히 행정력을 확보했던 영남지역에서 보도연맹 등 민간인 학살이 집중됐다.

둘째, 좌익 및 북한군은 주민이 자신의 편이라고 확신하고 있었다. 한국전쟁 직후 박헌영은 '남한에서 남로당 대규모 민중 봉기가 일어날 것'이라고 자신했다. 1946년 8월, 미군정청에서 여론조사한 결과 사회주의-공산주의 성향이 77%에 달했다. 자본주의^{우익}라고 답한 사람은 14%에 불과했다. 이에 따라 좌익과 북한군은 '우익인사·친일인사·친일경찰'을 선별해서 처단하면 주민들이 자신들을 지지할 것이라 믿었다.

셋째, 최덕신의 견벽청야와 같은 초토화 작전의 영향도 있다. 당시 빨치산 게릴라 부대와 주민을 구분하기는 매우 어려웠고, 따라서 지휘관들은 특정 지역이나 마을 전체를 몰살하거나, 적으로 간주하는 경우가 잦았다. 제주도를 예로 들면 1948년 10월 말부터 1949년 3월까지 5개월 동안 해안가로 이동하지 않은 산간지역 모든 주민을 빨치산으로 간주하는 '초토화 작전'이 전개됐다. 제주 4·3항쟁으로 3만~4만 명이 죽었는데, 이 가운데 2만 7000명 이상이 초토화 작전으로 죽었다. 집과 농지가 있기 때문에 차마 해안가로 이동하지 못한 주민들은 남녀노소 가릴 것 없이 몰살당했다.

참고자료

[자료]

한국사데이터베이스, 「주한 미대사, 이승만 대통령에게 의견 개진」, FRUS 1951

진실·화해를위한과거사정리위원회, 「부산·경남지역 형무소재소자희생사건 보고서」, 2010

[도서]

김주완, <풍운아 채현국>, 피플파워, 2015

김영희, <한국전쟁기 미디어와 사회>, 커뮤니케이션북스, 2015

김동춘, <전쟁과 사회>, 돌베개, 2006

육군사관학교팔기생회, <노병들의 증언>, 육군사관학교, 1992

[논문]

김순규, 「한국전쟁 전후 민간인 학살-영덕군 지품면을 중심으로」, 2010

김득중, 「이승만정부의 여순사건 대응과 민중의 피해」, 『여순사건 자료집』, 여수지역사회연구소, 2000

강희근, 「산청·함양 양민학살 사건의 전개 과정」, 『산청·함양 양민학살사건의 재조명』, 산청·함양 양민희생자유족회, 2004

[웹사이트]

한국향토문화전자대전(grandculture.net)

청어람 매거진(ichungeoram.com/cat/magazine)

내가 겪은 여순 사건(reltih.com.ne.kr/reading/korea_history)

[블로그]

김주완 김훤주의 지역에서 본 세상(2kim.idomin.com)

[기사]

김덕련 최하얀, <프레시안> 2013년 11월 4일 자, "일본도로 국민 목 친 학살자가 이순신과 동급?"

두 번째

고향 사람을 무참히 학살한
이협우

우익단체 민보단장 이협우

이협우는 1921년 경북 경주군^{현 경주시 외곽지역, 한때 월성군} 내남면 망
성리에서 태어났다. 그의 집안은 그렇게 형편이 어렵지 않았던
것으로 보인다. 중학교까지 나오고 대구농림보통학교를 졸업
했다. 일제시대 고등학교까지 졸업한 그는 출세를 위해 만주
로 갔다.

당시 만주는 조선인에게 그나마 기회의 땅이었다. 만주에
서 조선인은 '2등 국민'으로 '3등 국민'인 여진족·몽골족보다
는 성공 가능성이 있었다. 박정희가 만주로 간 이유도 마찬가
지였다. 그러나 만주에서 출세하는 건 예상보다 쉽지 않았고,
1943년 이협우는 고향인 내남면으로 돌아와 농업기수^{면 서기}를
지냈다.

1945년 광복이 됐다. 이협우는 어린 나이에 잠시 면 서기를
했기 때문에 친일파로 몰리지는 않았다. 1946년 10월 1일 대
구에서 10·1사건이 일어나면서, 일부 좌익세력들이 경주군 일
대를 습격했다. 이로 인해 경찰서가 잠시 좌익세력에게 점령되
기도 했고, 5채의 가옥이 전소됐으며 쌍방 54명의 사상자가
발생했다. 이 사태를 진압하는 과정에서 경찰의 협조 조직인
우익단체의 필요성이 제기됐고, 이협우는 내남면에서 그 핵심
에 서게 된다.

이협우 /전갑생 서울대 아시아연구소 연구원

1947년 이협우는 내남면 대동청년단장을 맡았으며, 1948년 대동청년단은 서북청년단을 흡수해 강력한 우익단체로 거듭나게 된다. 대동청년단은 1948년 정부 수립 후 다시금 대한청년단으로 재편되면서 모든 우익청년단체를 통합해 강력한 단체로 거듭났다. 내남면 대한청년단장은 이협우였다.

한편 경찰은 부족한 경찰력을 보조하기 위해 민보단이라는
준군사조직을 설립했다. 민보단 정원은 보통 30명으로 단원은
경찰서장이 추천하는 사람으로 구성된다. 또한 민보단에는 총
등 무기가 지급됐다. 1949년 내남면 대한청년단장 이협우는
내남면 민보단장직을 겸했다. 그의 나이 불과 28살이었다. 김
종원과 비슷한 나이에 그는 김종원과 마찬가지로 막강한 권한
을 거머쥐었다.

우익청년조직과 준군사조직을 장악한 이협우는 거칠 것이
없었다. 이협우는 자신의 친척 동생인 이한우와 함께 내남면
민보단과 대한청년단을 이끌었다. 심지어 이협우 부하 가운데
현직 경찰인 이홍렬도 가담하고 있었다.

피로 물든 내남면

현직 경찰을 부하로 둔 내남면 민보단장 겸 대한청년단장
이협우는 1948년 3월 15일 내남면 이조리에서 '청년단에 비협
조적이다'는 이유로 주민 정우택을 살해한 것을 시작으로 고
향을 피로 물들이기 시작했다.

이후 간간이 사람을 죽여오던 이협우 일당은 1949년 3월 8
일 망성리에서 유칠우와 유찬조가 남로당원이라며 총으로 쏴

죽인 후, 그날 저녁 잠자던 유씨 일가족 6명을 불태워 몰살하는 등 살육의 규모가 커졌다. 이렇게 이협우 일당은 1950년 8월까지 169명을 학살했다. 물론 이 169명은 4·19혁명 이후 구성된 유족회에 공식 신고된 숫자로, 연구자들은 실제 내남면민 200명 이상이 피살된 것으로 추측하고 있다.

이후 이뤄진 검찰 조사에 따르면 이협우의 학살은 좌익을 소탕하기보다는 사적인 감정으로 자행한 학살이 많았다고 한다.

박세현이라는 사람이 있었다. 박세현은 내남면 명계리에 흘러들어온 외지인이었는데, 같은 마을 손씨 집안의 쌀 5가마를 훔쳤다가 마을에서 탄핵을 당했다. 이후 박세현의 친동생이 민보단에 가입했고, 자신을 탄핵한 마을 이장 김원도 집안과 손씨 집안을 빨갱이로 몰았다고 한다.

1949년 7월 31일 김정도와 김하묵이 내남면 용장리 소 시장에서 소를 팔고 오다 민보단원에게 체포돼 돈을 모두 빼앗기고 내남면 경찰지서 뒤 용장산 골짜기로 끌려가 총살당했다. 그날 저녁 이 소식을 들은 김 씨 집안 식구 4명이 내남면 경찰지서에 찾아와 항의하였으나 이들도 민보단원에게 붙잡혀 용장산 골짜기에서 총살당했다.

다음날인 1949년 8월 1일 밤 이협우는 민보단원 10여 명을 2~3개 조로 나눠 명계리를 급습했다. 주민들에게 방에 불을

대동청년단 광양지부 결성식 장면

켜도록 한 뒤, 사람 그림자를 향해 총을 난사했다. 이날 마을 이장 김원도 씨를 비롯한 일가 16명이 죽고, 손씨 일가 8명이 희생됐다. 박세현 한 개인의 원한으로 30명이 죽은 셈이다.

며칠 뒤 이협우는 민보단원을 이끌고 남은 김 씨 일족을 멸족시키려 명계리로 향했으나, 명계리에서 민보단을 이끌던 정규준이 "이 집은 내가 보증하고 모든 책임을 지겠으니 더는 죽이지 말라"고 부탁해 이협우를 돌려세웠다.

이협우는 덕천2리 주씨 집안의 딸을 탐냈으나 거절당했다. 이협우는 1950년 1월 5일 밤 주씨 일가족을 습격해 8명을 죽이고 시신을 짚단으로 소각한 후 주씨 집안의 가산을 강탈해 친척 동생인 이한우의 집으로 옮겼다.

1949년 8월 25일 망성리에서 권씨 일가 6명을 '청년단에 비협조적이다'는 이유로 죽인 후 1년 뒤인 1950년 8월 11일에는 다시 망성리로 들어가 권씨 일가친척 45명을 학살했다. 보통 학살을 할 때는 '이들은 좌익의 동조자, 좌익의 가족이다'라고 억지 명분을 뒤집어씌운다. 그러나 이협우는 그런 억지 명분조차 없이 '청년단에 비협조적이다'는 이유만으로 사람을 죽이기도 했으며, 1949년 7월 9일 망성리 양임순(48)·최귀순(23) 씨, 1949년 8월 4일 용장리 정영택 씨 일가족 3명은 아직까지도 왜 죽였는지 알 수 없다.

이협우 학살을 보면 한 가지 특징이 있다. 바로 온 가족을

1950년 대구형무소 재소자 학살 현장 모습

몰살하려 했다는 점이다. 이는 훗날 보복을 우려한 행동으로,
어린아이도 철저히 죽였다. 검찰 조사에 의하면 10세 미만 어
린이 35명이 피살됐으며, 아이를 안고 있는 모자를 동시에 쏴
죽이기도 했다. 1949년 12월 25일 성탄절 노곡리에서 살해당
한 최상화와 최동식은 불과 8살, 4살이었다. 이협우는 그들이
빨갱이를 도와줬다는 이유로 죽였다. 아무리 사람을 죽여도
'빨갱이를 죽였다'고 하면 넘어가던 시대였다.

물론 살아남은 사람이라고 마음 편히 살 수 있는 건 아니었다. 이협우는 재산이 많은 사람을 빨갱이로 몰아 재산을 강탈하는 경우가 많았다. 〈풍운아 채현국〉(도서출판 피플파워)의 주인공인 경남 양산 효암학원 채현국 이사장에 따르면 양산 개운중학교를 설립하고 초대 교장을 지낸 임상수 씨도 이협우에게 빨갱이로 몰려 재산을 빼앗길 위기에 처했다.

다행히 이창해라는 독립중대 중위가 나타나 임 씨를 구해주었다. 이후 한국전쟁이 발발하자, 임 씨는 전 재산을 털어학교(개운중학교)를 지었다. 빼앗을 재산이 없으면 빨갱이로몰리지 않을 것이라 여긴 것이다.

벙어리 국회의원

이협우가 얼마나 기세등등했던지 "경주군은 이협우 왕국이다"는 소문이 돌 정도였다고 한다. 이협우는 어린 시절 이루지못했던 출세의 꿈을 이루고 싶었던 것으로 보인다.

1950년 5월 30일 제2대 국회의원 선거가 치러졌다. 이협우는 대한청년단 후보로 경주군 갑 국회의원 후보로 나섰다. 무려 16명의 후보가 난립한 이 선거에서 이협우는 16.60%의 득표율로 당선됐다. 그의 나이 29살이었다. 그러나 한 달도 지나지 않은 6월 25일 한국전쟁이 발발했다.

국회는 정상적으로 운영되지 못했다. 이 시기에도 이협우는 민보단을 이끌고 1950년 7월 22일 노곡리에서 최현호 씨를 비롯해 일가친척 22명을 살해했고, 1950년 8월 11일에는 앞서 언급했듯이 망성리에서 권씨 일가 45명을 학살했다. 김종원이 국회의원에게 총질을 했다면, 이협우는 현직 국회의원 신분으로 지역구 주민을 학살한 셈이다.

1954년 제3대 국회의원 선거가 치러졌다. 이협우는 재선 국회의원에 도전했다. 이번에는 만만찮은 경쟁자가 있었다. 서영출이란 자였다. 친일경찰 출신으로 독립운동가를 고문할 때 손과 발을 모두 묶어 천장에 매달아 놓는 속칭 '비행기 고문'의 창시자이기도 하다. 경주군 대동청년단장과 경주경찰서장을 지냈다. 그는 또한 초대 국회의원 선거인 5·10선거에서 경주지역 독립운동가 출신인 최순 선생의 당선을 막기 위해 청년단원을 동원해 사살한 사람이었다.

이협우는 서영출을 1000여 표 차이로 누르고 재선 국회의원이 됐다. 그리고 자유당에 입당하게 된다.

재선 국회의원이 됐지만, 이협우의 존재감은 전혀 없다시피 했다. 국회 단상에 올라 발언을 한 경우가 전혀 없었을뿐더러 1956년 8월 20일 자 경향신문 기자석^{기자칼럼}에 의하면 안쓰럽기까지 할 정도였다.

"평소에는 어디에 있는지 존재도 알 수 없는 벙어리 국회
의원 이협우라는 사람. 그러나 여야가 무슨 일을 가지고
싸울 때면 반드시 한두 마디씩 기성을 지름으로써 사람
들의 혀를 차게 하는…(중략) 자유당에서 장면 부통령의
발언을 트집 잡아 논란을 일으키자 이 사람은 의석에 앉
아서 출석출석 몸을 들추더니 별안간 '처리해버려! 처리
해버려'. 물론 2대 국회 때부터 벙어리인 이협우 의원인지
라 단상으로 올라가지 못하는 심정(?)은 짐작할 수 있으
나 기껏 배웠다는 소리가 겨우 '처리' 두 자!"

부산 피난 국회 모습

그렇게 국회에서 겨우 한 마디 했건만, 그는 야당 신예인 김영삼 의원에게 바로 역공을 당하고 만다.

"이협우 의원! 당신 아까 장 부통령을 처리해 버리라고 했는데 그 말의 뜻은 무엇입니까? 처리한다니, 없애버린다는 뜻입니까? 앞으로 우리는 장 부통령의 신변에 특별히 조심하겠습니다!"며 맹렬한 기세로 이협우 의원을 압박했다. 사방에서 쏟아지는 눈총을 감당하지 못했던 이협우는 고개를 떨구고 묵묵부답했다. 기사에는 "차라리 벙어리라면 또 몰라도 그의 반벙어리가 더욱 가긍(불쌍해)하다"고 맺고 있다.

그는 내남면을 누비며 약자에게는 한없이 강했으나, 국회에서 자기보다 강한 자에게는 한없이 약했던 사람이었다.

1958년 이협우는 국회의원 3선에 도전했다. 이 선거는 그야말로 가관이었다. 이협우는 권총을 들고 다니며 선거를 했다. 유지와 유력 후보들을 총으로 협박하고, 후보 등록을 방해했다. 당시 언론엔 이렇게 기록돼 있다.

·····································

"입후보등록 마감. 유혈과 소란 속에 숨 가쁘게 지나간 10일간이었다. 특히 경주 월성 갑구에서는 허다한 등록 방해사건이 생기고 여태껏 야당 후보의 등록공고는 나지 않았다고 한다. 월성 갑구에서 출마하는 자유당 공천 이

협우 의원의 강파른 얼굴이 저절로 떠오른다. 이협우, 이
협우, 이협우. 전 국민이 기억해야 할 이름인 것 같다."
-1958년 4월 11일 자 경향신문

부정투표도 있었다.

"3장이나 7장 감싸고 이협우에게 투표하는 일도 있었다."
-1958년 7월 15일 자 경향신문

어쨌든 그는 42.81%의 득표율로 손쉽게 '3선 국회의원'이
됐다. 그러나 여전히 국회에서 아무 말도 하지 않았다. '4대 국
회에서는 한 마디 안 하실 겁니까?'라는 기자의 질문에 "10년
동안 국회에서 발언을 하지 않겠다"는 기이한 소신을 밝히기
도 했다. 당시로서는 드문 3선 국회의원이나 했지만, 상임위원
장 한 자리 하지 못했다.

하지만 그의 쓸모는 따로 있었다. 1958년 12월 초, 국회에

국가보안법 날치기 처리 후 국회 현장 모습

서는 국가보안법 입법을 놓고 대치 중이었다. 자유당은 국가보
안법에 반대하는 민주당을 용공단체, 역적^{이적}단체로 공격하고
있었다. 이에 양당 국회의원들이 거친 설전을 이어가고 있던
중 이협우는 민주당 우희창 의원에게 달려들었고 이를 신호로
양당 의원들의 집단 난투극이 벌어졌다.

　이협우는 '몸싸움 전문 국회의원'으로서 여야 충돌이 있을
때면 항상 선두에 있었다. 1960년 4·19혁명이 일어나고 4대
국회가 해산되면서 이협우의 국회의원 생활도 끝이 났다.

"사형보다 더한 극형 있다면"

1957년 2월. 국군 해병대에 복무하고 있던 유칠문 씨는 이협우를 상대로 민사소송을 제기했다. 그는 내남면 출신으로 1949년 3월 8일 유씨 일가족 8명이 이협우 손에 죽을 당시 친구 집에 있어 목숨을 건졌다. 부산으로 도망친 유칠문은 1954년 해병대에 자원입대했다. 그러나 가족은 몰살당했고, 고향엔 이협우가 있어 한 번도 휴가를 쓰지 않았다고 했다.

휴가를 쓰지 않자 이를 이상하게 여긴 해병대 장교들이 유씨를 불러 조사했고, 유 씨는 자신의 형편을 털어놓았다. 해병대 장교들은 이협우가 유 씨 부모가 소유하고 있던 2659평의 토지를 마음대로 사용하고 있다는 것을 밝혔다.

유 씨는 해병대 장교들의 지원을 등에 업고 소송에 나섰다. 이협우는 상황이 불리해지자 국방부 장관에게 '군인이 정치에 간여한다'고 압력을 넣었다. 유 씨를 도와준 해병대 장교들은 강제로 전역을 당했고, 유 씨는 생명의 위협을 느낄 정도로 협박을 받은 뒤 고소를 취하했다. 그러나 현직 국회의원을 상대로 한 이 소송은 언론에 적지 않게 보도됐으며, 유족들이 뭉칠 수 있는 계기가 됐다.

1960년 4·19혁명이 일어나자 숨죽이고 있던 유족들이 일어났다. 그해 6월 16일 유족 75명은 이협우와 이한우를 살인, 방화, 강도 혐의로 대구지방검찰청에 고소했다. 대구지검 최찬식 검사는 경주경찰서 내남지서 전·현직 경찰관을 모두 소환하는 등 적극적으로 수사에 임했다. 최 검사는 학살사건 가운데 입증 가능한 것을 정리해 내남면민 76명을 살해한 혐의로 이협우·이한우를 기소했다.

1961년 3월 6일 1심 재판부는 이협우에게 사형을, 이한우에게 무기징역을 선고했다. 2심 재판이 진행되던 1961년 5월 16일 5·16 군사정변이 일어났다. 박정희 군사정권은 '북한을 이롭게 한다'는 이유로 유족들을 잡아들였다. 유족회를 결성한 김하종에게 징역 7년, 유족회 간부였던 김하택에게는 징역 3년에 집행유예 5년이 선고됐다. 분위기가 바뀌자 증언들도 바뀌기 시작했다. 유족 중 한 사람은 이협우에게 유리하게 증언을 바꾸다가 허위 증언으로 징역 6개월을 받기도 했다.

허위 증언까지 드러났지만 재판은 갈수록 유족들에게 불리해졌다. 확실한 증언들이 애매한 증언으로 바뀌는 과정에서 2심 재판부 강안희 판사가 "9가지 공소사실 중 다소 의심되는 점이 있기는 하나 의심되는 점은 피고에게 유리하게 해석하는 것이 형사소송법상 대원칙"이라며 이협우 손을 들어주면서 무죄를 선고한 것이 결정적이었다. 1962년 6월 28일 대법원에서 무죄가 확정됐다.

재판 당시 이협우 측 변호인들은 유족에게 "그런 억울한 일이 있으면 왜 당시 진정서를 내거나 고소를 하지 않고 지금 와서 이러느냐"고 물었다. 유족들은 "무법천지인데 무슨 진정 서와 고소가 소용 있으며, 운이 좋으면 살고 운이 나쁘면 죽는 것이 당시 실정이었다"고 울분을 토했다.

한편 검찰에서는 1962년 이협우 일당이 내남면민 9명을 죽인 사실을 추가로 밝혀내고 별건의 재판을 걸었다. 이 재판 역시 1심에서는 사형이 선고됐으나 2심과 대법원에서는 무죄가 선고됐다. 최종적으로 1963년 5월 15일, 이협우는 자유의 몸이 됐다.

"증거상 드러난 피고인들의 죄과에 대하여 형법상 사형보다 더한 극형이 있다면 본 검사는 서슴지 않고 그 극형을 택할 것이나 부득이 현행법상 최고형인 사형을 구형한다"는 이영호 검사의 분통에 찬 논고도 그렇게 허공의 메아리가 돼 버렸다.

이협우는 1974년 대구매일신문 인터뷰에서 "그때 다소 억울한 죽음을 당한 사람들도 있었겠지만, 그 당시 상황으로 봐서는 어쩔 수 없었다"고 회상했다. 김종원과 마찬가지로 그 역시 억울한 죽음이 있었다는 것을 알고 있었던 것이다.

경북 경주군 내남면에는 한국전쟁 당시 단 한 명의 북한군도 출몰하지 않았다. 그런 곳에서 이협우는 자신과 함께 나고 자란 주민들을 학살했고, 그 공포를 이용해 젊은 나이에 무려 3선 국회의원이 됐다. 재판이 열렸지만, 처벌받아야 할 사람은

1차 재판 (내남면민 76명 살인)		2차 재판 (내남면민 9명 살인)	
날짜	내용	날짜	내용
1961. 02. 24	1심 구형(사형)	1962. 03. 29	1심 1차 구형(사형)
1961. 03. 06	1심 선고(사형)	1962. 05. 30	1심 2차 구형(사형)
1961. 06. 12	2심 구형(사형)	1962. 08. 22	1심 3차 구형(사형)
1961. 06. 22	2심 선고(무죄)	1962 .09. 13	1심 선고(사형)
1961. 11. 09	대법원 원심파기환송	1963. 02. 22	2심 구형(사형)
1962. 02. 14	환송 후 2심 구형(사형)	1963 .03. 06	2심 선고(무죄)
1962. 03 .07	환송 후 2심 선고(무죄)	1963. 05. 15	대법 선고(원심확정)
1962. 06. 28	대법 선고(원심 확정)		

처벌받지 않았고, 되레 피해자들이 처벌받았다. 한국 현대사는 이렇게 최소한의 기본과 상식마저 무너뜨리며 오늘에 이르고 있다.

이협우는 경주에 계속 머물다 1987년 사망했다. 그의 나이 66살이었다.

이협우 연표

- 1921년 경북 경주군 내남면 출생
- 1940년 대구농림보통학교 졸업
- 1943~1945년 경주군 내남면 농업기수[면 서기]
- 1947년 내남면 대동청년단장
- 1949~50년 내남면 대한청년단장, 민간인 학살 시작
- 1949~50년 내남면 민보단장
- 1950년 5월 제2대 국회의원
- 1954년 5월 제3대 국회의원
- 1958년 5월 제4대 국회의원
- 1987년 사망

참고자료

[자료]

진실·화해를위한과거사정리위원회, 「경주지역 민간인 희생 사건」, 2010

[도서]

김주완, <풍운아 채현국>, 피플파워, 2015

[논문]

박명림, 「국민형성과 내적 평정: '거창사건'의 사례 연구」, 『한국정치학회보』 36호, 2002

이창현, 「한국의 민간인 학살사건 재판연구-경주 내남면 학살사건 재판사례를 중심으로」, 『한국사학보』 39호, 2010

이창현, 「경주 내남면 민간인 학살사건 진상규명운동에 관한 연구」, 2009

[웹사이트]

네이버뉴스라이브러리: <동아일보>, <경향신문> 과거 기사

세 번째

일본 국회의원이 된 극렬 친일파
박춘금

조선인 학살의 수혜자

박춘금은 1891년 4월 17일 경남 양산에서 태어나 어린 시절 밀양 삼문동에서 자랐다. 그가 한학을 배웠다는 기록도 있지만 정확히 어떤 교육을 받았는지는 분명치 않다. 1905년 불과 14살인 그는 러일전쟁 당시 대구 주둔 일본군 급사^{給仕·급사}로 일했다고 한다. 당시 일본은 러시아와의 전쟁을 위해 사실상 한반도를 장악하고 '군정'을 펴고 있었다. 곳곳에 일본군이 주둔하여 일본군이 지역의 치안권을 장악했으며, 자신들을 방해

러일전쟁 당시 일본군에 총살당하는 의병들

하는 주민들을 총살하기도 했다. 어린 박춘금은 일본군 밑에서 심부름을 하면서 일본의 저력을 봤는지도 모른다. 이후 일본인 술집 등에서 일하면서 폭력배로 자란다.

박춘금은 1907년 8월경 일본으로 건너가 도쿄와 고베 등지에서 막노동꾼, 자전거 직공, 탄광 갱부 등을 전전하면서 생활했다. 그러다 나고야에서 조선인삼 판매를 하면서 폭력배 기질을 십분 활용해 조선인 사회를 장악하고 1917년 5월 나고야조선인회 회장으로 취임했다.

박춘금이 회장으로 취임할 당시 일본은 제1차 세계대전 직후 호황기를 맞이하고 있었다. 많은 조선인 빈농들이 돈을 벌기 위해 일본으로 몰려들던 시대였다. 특히 토지조사사업으로 농지를 잃은 농민들이 대거 합류했다. 기록에 따르면 1911년 이후 매년 12만~15만 명의 조선 농민들이 농지를 잃고 해외로 떠돌았고, 그중 상당수가 일본으로 넘어갔을 것으로 추정된다.

1920년 박춘금은 평생의 '동지'인 이기동을 만나게 되고, 이기동과 함께 '상구회'를 조직하게 된다. 상구회는 깡패들의 합숙소를 차리고, 한편으로는 사실상 병원 이용이 거의 불가능한 조선인을 대상으로 의료시설을 갖춤으로써 일본으로 건너온 직후 방황하는 조선인들을 장악해 나갔다. 박춘금과 이기동은 곧 일제가 주목하는 인물이 됐다. 그들의 친일 기질을

박춘금의 최대 후견인인 마루야마 쓰루키치.
훗날 상애회가 재단법인으로 재편됐을 때
이사장을 지냈다.

파악한 사이토 마코토 조선총독과 마루야마 쓰루키치^{조선총독부} ^{경무국장을 지냄}가 이들의 후견인이 됐다. 1921년 상구회를 상애회로 재편하고 오사카, 나고야, 시즈오카, 교토, 도쿄 등 일본 각지에 지부를 설립했으며 서울에도 지부를 두었다. 박춘금은 상애회의 명목상 회장으로 이기동을 올리고, 자신은 부회장으로 상애회의 실권을 장악했다.

상애회는 출범부터 "민족적 차별 관념 철폐와 일선융화^{조선의}

관동대지진 당시 가나가와 현 방면 철길에서 학살된 조선인들

관동대지진 당시 일본인 자경단이 조선인을 학살하는 장면

일본화의 철저함을 도모하는 것은 물론, 특히 조선 노동자를 위한 정신적 교화와 경제적 구제를 도모함을 중대한 사명으로 한다"고 선언했다. 그러나 이후 활동은 그들이 선언한 것과는 정반대로 흘러갔다.

1923년 9월 1일 오전, 일본 간토 지방에서 관동대지진이 일어났다. 12만 가구가 파손되고, 사망·실종자가 40만 명에 이를 정도로 일본의 피해는 극심했다. 일본 정부는 분노한 민심을 돌리기 위해 '조선인과 사회주의자들이 폭동을 일으키려 한다', '조선인이 우물에 독을 타서 피해가 커졌다'는 등의 유언비어를 흘렸다.

평소 조선인에 대해 민족적 감정이 좋지 않았던 일본인들은 이 유언비어를 믿었고, 경찰과 함께 자경단을 꾸려 조선인 학살에 나섰다. 그 결과 최근 밝혀진 자료에 따르면 불과 4~5일 사이 무려 2만 3058명의 조선인이 학살당했다. 학살의 규모가 예상보다 커지자 상황의 심각성을 깨달은 일본 정부는 9월 5일 사태 수습을 위한 작업에 들어갔다. 조선인들을 급조한 '수용소'에 격리시켜 일본 주민과 분리했으며, 시신 처리에 나섰다.

이때 눈치 빠른 박춘금이 상애회원을 이끌고 나타났다. 박춘금은 상애회원 1000여 명을 인솔해 일본 당국의 수습작업에 적극 동참했다. 일본으로서는 이처럼 반가운 일이 없었다.

상애회원들은 조선인이었기 때문에 대지진 이후 불거진 민족 간 갈등을 불식할 수 있는 좋은 기회였다. 이 일로 일본 정부와 조선총독부는 상애회 후원자로 나서게 됐다.

일제를 등에 업은 상애회는 승승장구를 거듭해 회원 수 10만 명에 이르는 거대 조직이 됐다. 매년 일본 측으로부터 수만 원에 이르는 거액의 후원금과 보조금·저리 융자금을 지원 받았다. 1924년 1월 상애회 본부를 옮길 때 조선총독부로부터 4만 원의 후원금을 받았는데, 당시 1원이 금 0.5돈의 가치를 지니기 때문에 지금으로 치면 30억~40억 원에 달하는 정부 후원금을 받은 셈이다.

상애회의 폭력활동

박춘금이 이끄는 상애회는 일제 지원을 받으면서 '조선인 직업 소개' 활동을 펼쳤다. 그러나 사실 이는 상애회의 주요 수입원이었다. 그들은 일본 사업가에게 적은 임금으로 조선인 노동자를 소개해 주는 대가로 알선료를 받았고, 조선인 노동자에게도 임금의 일부를 받아 챙겼다. 특히 힘없는 여공들의 경우 그들에게 돌아갈 급료를 전부 횡령하는 사건이 일본 전역에서 빈번하게 일어났다. 그러나 일제의 든든한 지지를 받고 있었던 상애회에 힘없는 여공들이 대항할 수는 없었다. 일부 여공들이 상애회에 대항하면, 상애회는 여공을 폭행하고 사창가에 넘겼다.

상애회는 각 사업장의 조선인 노동자들을 '관리'하는 역할도 맡았다. 조선인 노동자들이 노조를 결성하거나 조직이 만들어지면 상애회는 여지없이 개입해 조직을 파괴하고 사업자에게서 소위 '중재료' 명목으로 돈을 챙겼다. 한 통계에 따르면 1922~1923년 5월까지 상애회의 중재 건수가 200건에 달했다. 일본인 사업가들 사이에서는 "조선인 문제는 상애회에 의뢰하라"는 소문이 나돌 정도였다.

그럼에도 일본 곳곳에서 조선인 노동단체와 항일민족단체가 생겨나고 있었다. 이에 따라 상애회도 조직적인 폭력행위를 일삼았다. 1925년 1월 상애회원 20여 명이 오사카 방적공장에서 일하고 있던 김병원의 집으로 쳐들어갔다. 김병원이 좌익 단체에 가입했다는 이유에서다. 상애회원들은 가족을 폭행하여 가족 중 1명이 눈알이 빠지는 중상을 입었다. 4월 25일에는 오사카 조선인 노동자들이 만든 '노동연주회'를 습격해 간부들을 상애회 사무실에 감금한 뒤 폭행을 가해 중상을 입혔다. 1926년 5월에 일본악기회사 노동자들이 쟁의를 일으키자 쟁의본부를 습격해 수십 명의 중상자를 냈다. 1926년 6월 13일에는 일본 내 조선인 노동자들의 결사단체인 재일본조선

박춘금

노동총동맹을 습격해 9명에게 중경상을 입혔고, 간부들을 고문했다. 1926년 6월 14일에는 상애회에 가입하지 않는다는 이유로 조선인 토공^{도자기 기술자}들을 습격해 3명이 사망하고 50명이 중상을 입었다. 1927년에도 역시 상애회에 가입하지 않는다는 이유로 조선인 노동자에게 집단 폭행을 가해 2명이 사망하고 10여 명이 중상을 입었다. 1928년 2월 조선인 무정부주의단체인 흑우회 등을 습격해 회원을 살해했다. 이때 상애회원들은 권총과 일본도, 단도를 휴대하고 있었다. 일본 경찰의 묵인이 없었다면 불가능한 일이다.

이 외에도 1926년 5월 조선인 소년을 납치해 묶어 놓고 폭행해 혼수상태에 빠뜨리거나 1926년 9월부터 상애회 간부들이 부녀자들을 유인해 매매하는 등 상애회는 갈수록 잔혹성을 더해갔다.

상애회의 폭력활동은 국내에서도 이어졌다. 1924년 전남 신안군 하의도에서 소작쟁의가 일어나자 일본인 농장주 도쿠다의 요청으로 박춘금은 상태도와 하의도 주민들을 모아 놓고 권총을 들이대고 무차별적인 폭행을 하면서 강제로 소작계약서에 날인하게 했다. 1928년 하의도에서 소작쟁의가 재발하자 박춘금은 상애회를 이끌고 주민을 습격해 농민회를 강제로 해산했다. 이 외에도 1920년대 소작쟁의 현장 곳곳에 개입해 일본인 농장주 편에서 농민을 폭행했다.

상애회가 숱한 폭력을 일삼고 반민족행위를 자행하자 〈조선일보〉와 〈동아일보〉에도 일부 보도됐다. 1924년 3월, 일제는 일본 내 친일단체를 결집해 '반일사상 박멸'을 내건 각파유지연맹을 발족시켰고 상애회도 이에 가입했다. 〈동아일보〉에서는 이를 비판하는 사설을 썼다. 격분한 박춘금은 〈동아일보〉 사장 송진우와 사주 김성수를 요정으로 불러 '우리 사업을 방해

하는 놈은 죽여 버린다'며 폭행·감금했다. 감금된 두 사람은 '인신공격을 한 것은 온당하지 못했다'는 증서를 쓰고서 이틀 만에 풀려났다. 또한 같은 해 1~2월 박춘금은 상애회원을 이끌고 〈동아일보〉에 8차례 찾아가 상애회 후원금을 내라며 행패를 부렸다. 당시 〈동아일보〉는 해외동포 위문금을 모금하고 있었는데, 그 금액이 10만 원에 이르렀다. 박춘금 일당은 그 돈을 노린 것이다. 당시 박춘금 일당은 단도를 휴대하고 〈동아일보〉 사장과 직원을 협박했다.

1928년 하의도 농민회를 박춘금과 상애회원이 습격한 사실이 〈조선일보〉에 크게 실리자, 박춘금은 일본 경찰 출신 일본인 비서를 대동하고 신문사로 찾아가 한기악 편집국장을 감금한 채 권총으로 협박하기도 했다.

일본과 조선을 오가며 날뛰던 박춘금과 상애회를 막을 사람은 아무도 없었다. 상애회 활동에 유일하게 제동을 건 사람은 의령 출신 독립운동가 안희제였다. 박춘금은 조선과 일본을 오가는 조선인에게 도항증명서를 구입하도록 강요했다. 상애회가 발급한 도항증명서를 소지하지 않으면 배를 타고 내릴 수 없도록 하는 것이었다. 이에 안희제가 '박춘금 성토대회'를 열고 도항증명서의 부당함을 여론화하자, 일제 당국은 도항증명서를 폐지하게 했다. 이후 상애회는 일제가 만든 친일 단체 결집체인 협화회에 소속됐다.

일본 국회의원 박춘금

박춘금은 1920년대 중반 이후 친일활동을 폭넓게 하면서 자신의 정치력을 키워나갔다. 1926년 8월 일제 팽창주의를 지지하기 위해 열린 '아시아민족대회'에 박춘금은 홍준표, 이기동과 함께 조선인 대표로 참가했다. 그리고 1930년 자신의 생각을 정리한 〈우리의 국가 신일본〉이라는 책을 발간했다. 이 책은 머리말부터 노골적으로 친일적인 색깔을 드러낸다.

"우리 조선인이 대일본제국을 사랑함에 어떤 어색함이 있을 것인가. 이 대일본제국의 국부 지존에 대해 받들고 충성을 바치려고 하는 것은 원래 우리의 의무가 아니면 안 된다. 이는 실로 우리의 신조이고 또 감정의 외침이기도 하다. (…중략…) 황국의 은택을 받은 3천 년 충군애국의 지극한 정은 그 생존상 타 민족이 갖는 종교 이상의 약속인 것처럼 보이며, 천황의 은혜와 국가의 은혜에 깊이 감격하는 일본 민족으로서는 병합 이후 얼마 되지 않은 일선(일본-조선) 관계상 조선인은 진정으로 충군애국의 마음을 품을 수가 없고, 그렇게 부르짖는다 해도 입에 발린 말에 지나지 않는다고 생각하는 것도 무리는 아닐 것이다."

국회의원 당선 당시 박춘금(가운데) 모습이다. 오른쪽은 박춘금의 아내

-〈우리의 국가 신일본〉 머리말 중에서

일본 내 조선인 차별에 대해서는 전혀 없는 것처럼 왜곡하고 있다.

"나는 조선인 모두가 나와 같지 않을까 한다. 나는 일본으로 온 지 20여 년이 지났고 일본 여자와 결혼하여 일본인과 같은 생활을 하고 일본제국의 신민으로 굳건한 마음으로 살고 있다. 그리고 나는 제국 수도의 한가운데서 일하고 있는데 결코 불합리하게 학대(민족적 차별)를 받아본 적이 없다. 그뿐 아니다. 내가 조선인이기 때문에 무심코 한 행동이 만일에 나쁜 오해를 받을까 또 그 때문에 조선인 전체에 누를 끼쳐서는 안 된다는 생각에 세심히 주의하여 겸허한 태도를 취하면 취할수록 일본인들이 나에게 주는 호의와 동정이 한층 깊어짐에 감사하고 있는 것이다."
-〈우리의 국가 신일본〉 제2장 '동화정책이란 무엇인가' 중에서

이어 이 책은 조선의 독립운동이나 자치운동, 반일의식에 대해 비판하고, 일제 당국이 조선 민심을 안정시키기 위해 해야 할 일들을 나열했다. 이렇게 공개적인 친일활동을 펴면서 자신의 입지를 다진 그는 1932년 3월 제18대 중의원 선거에서 도쿄 제4구에 입후보해 당선된다. 조선인 최초로 일본 국회에 입성하는 순간이었다. 이후 1937년 4월 중의원 재보궐 선거에서 당선돼 재선 국회의원이 됐다. 박춘금 지역구인 도쿄 제4구는 조선인 숫자가 1000명 남짓에 불과해 사실상 일본인들의 지지로 당선됐다.

박춘금은 임기 동안 조선에 일본군 사단을 증설할 것과 조선에 중의원 선거를 할 것, 참정권을 주는 조건으로 조선에 지원병제도를 시행할 것을 요구했다. 1933년에는 광산 개발에 뛰어들어 평안도, 충청도, 전라남도, 함경남도, 경상북도 등 전국 곳곳에서 광산을 경영했다.

1931년 만주사변이 일어난 뒤 일제가 본격적으로 침략전쟁을 시작했다. 일제는 일관되게 침략전쟁의 명분으로 '아시아민족의 단합'을 내세웠다. 일제는 이를 홍보하기 위해 온갖 친일단체를 일본, 조선, 만주에 설립했는데 박춘금도 곳곳에 이름을 올렸고, 단상에 올라 일제 논리를 강변했다.

예를 들면 1938년 5월 경성^{서울}교화단체연합회 주최로 열린 강연회에서 "동양의 평화는 내선일체^{內鮮一體}, 일만친선^{日滿親善}, 일

우친선^{日友親善}에 의하여서만 유지될 수 있다"고 역설했으며, 친일 기고문을 국내 잡지인 〈삼천리〉에 실었다.

1938년, 그가 일관되게 주장한 조선 지원병제도가 제정되자 다음과 같은 연설을 했다.

"나는 조선에 지원병제도가 제정된 것에 감사하는 바이외다. 아시는 바와 같이 일한병합을 이룬 뒤 금년으로 꼭 28년이 됩니다. 28년 전 일본제국과 한국이 병합 당시에 황송하옵게도 메이지대제^{明治大帝}께서 한국 2000만의 인민에 대하여 일시동인^{一視同仁}이라고 말씀하였는데 금일 이 메이지대제의 일시동인이 실현된 것이 바로 이 지원병제도올시다. 나는 이누카이^{犬養} 내각 당시로부터 혹은 청원위원회나 건의위원회에 대하여 하루라도 속히 이것을 주도록 하여 달라고 주장하여 왔지만 좀처럼 그 주장이 오늘날까지 통하지 않았으나 다행히 여러분의 평소 조선에 대한 지도와 동정에 의하여 이번 이 지원병제도가 제정되었다고 하는 것은 반도 2300만의 신 일본인은 심중으로 기뻐함과 동시에 작은 아이가 큰 어른이 된 것 같은 기쁨을 가집니다."

1938년 11월 일본군이 중국 우한을 점령하자, 상애회 주최로 승전 축하 연등회를 열었다. 1941년 12월 태평양전쟁이 발발하자 박춘금은 도쿄에 있는 조선인 유지들을 모아 야스쿠니신사와 메이지신궁에 참배하고, 전쟁의 필승을 기원하는 행사를 주관했다.

이렇듯 노골적인 친일반민족 활동을 이어나갔음에도 일본어 위키백과사전에는 박춘금에 대해 "중의원 의원으로서 일본 정부의 조선인 차별을 추궁하는 등 민족적 이익을 위해서도 활동했으나, 현대의 한국에서는 매국노친일파로 여겨지고 있다"고 적혀 있다. 박춘금은 조선민족을 위해 열심히 했는데, 부당하게 매국노로 몰린 듯한 뉘앙스가 느껴진다.

실제 그는 1932~1936년, 1937~1941년 중의원 시절 수차례 일본 국회에서 조선에도 국회의원 선거와 지원병제도를 시행할 것을 요구했다. 이런 발언을 할 때마다 일본 언론의 주목을 받았다. 그러나 그의 논리는 조선인들의 이익보다는 조선의 완전한 '일본화'를 위해 이 같은 제도가 필요하다는 것이었다. 게다가 행동력이 매우 강한 그였지만, 대규모 집회 등을 통한 조선인 차별 해소나 조선 내 국회의원 선거 시행 요구는 없었다. 그야말로 여론의 주목을 받고, 자신의 정치적 명분을 내세우기 위한 말뿐인 논리였다.

"학도병 4천이나 5천 죽어도…"

1942년 조선인 강제징병 방침이 결정되자 5월 10일 〈매일신보〉에 '반도^{한반도}의 경사'라는 제목으로 환영하는 글을 기고했다. 1943년 8월에 국방헌금 1만 원을 납부했으며, 외아들을 지원병으로 내보냈다. 이 무렵, 그의 친일 경향은 더욱 강도가 세어졌다. 매일신보가 주관한 학도병 격려 강연회에서 다음과 같은 발언을 했다.

부민관 모습
박춘금과 친일파들은 이곳에서 친일선동연설을 자주 했다.

"학도병 4000이나 5000이 죽어 2500만 민중이 잘된다면 이보다 더 좋은 일이 어디 또 있겠는가. 이제야말로 1억 국민이 마음과 마음을 합하여 내지나 반도를 구분할 것 없이 이 성전을 완수해야 할 것이다. 이번 특별지원병도 이 정신을 이해하고 5000만 인이 합심하여 하나 빠지지 않고 나가야 한다."

1944년 9월 앞서 결정된 조선인 강제징병이 시행되자 그는 "우리 2600만 동포들은 당국의 이 뜻에 감격하여 더욱 황국신민이 되어 전쟁 완수에 총력을 바치지 않으면 안 될 것"이라고 강연했다. 또한 같은 해 일본군에 전투기를 지원할 목적으로 '조선비행기공업주식회사'를 설립하기도 했다.

1945년 2월 '미영격멸米英擊滅, 내선단결內鮮團結, 성전필승聖戰必勝'을 구호로 내건 야마토동맹大和同盟 이사로 선임됐으며, 대의당을 만들고 당수가 됐다.

1945년 6월 25일 박춘금이 창당한 대의당에는 극렬 친일파들이 대거 가담했으며, 극단적인 내용을 당 강령으로 삼고 있다. 대의당 강령은 "오등吾等은 모든 비결전적 사상事象에 대하여는 단연 이를 분쇄하여 필승태세의 완벽을 기함"이라고 적고 있다. 여기서 말하는 '비결전적 사상'이란 일본, 한반도, 만주 지역 반일세력이나 항일세력을 통칭하는 것으로 이들을 말살하는 것을 목표로 하고 있다. 박춘금은 일제 당국 협조하에

각 지역 반일·항일 인사 30만 명을 체포해 사살하려고 했다.

이에 따라 1945년 8월 8일 전국에서 반일·항일 인사에 대한 대대적인 검거가 시작됐다. 약 3000명이 전국 형무소에 구금됐고, 이들에 대한 총살처분이 논의됐다. 만약 총살처분이 결정됐더라면 박춘금과 대의당원들이 이 일을 맡았을 것으로 추정된다.

다행히 1945년 8월 15일, 일제가 예상보다 일찍 항복함으로써 대학살 사태는 면하게 됐다. 박춘금은 해방 직후 건국준비위원회가 결성되자 순식간에 태도를 바꿨다. 그의 부하를 통해 건국준비위원회 측에 '치안대 경비로 써 달라'며 20만 원의 거금을 건넸다. 그러나 건국준비위원회 치안대장 장권은 '이 돈은 받을 수 없다'며 돌려보냈다. 며칠 후 박춘금은 건국준비위원회 재정부장 이규갑에게 40만 원의 돈과 자기 소유의 금광, 자동차 등을 모두 바치겠다는 의사를 밝혔다. 그러나 이규갑은 그 제안을 거절했다.

조선에서 입지에 불안을 느낀 박춘금은 몰래 일본으로 들어갔다. 1949년 반민특위는 '반민족행위 1급 피의자'로 박춘금을 지명수배하고 당시 일본을 통치하고 있던 미 군정 맥아더 사령관에게 그의 체포를 요구했다. 그러나 반민특위가 얼마 후 해체됨에 따라 박춘금 체포는 이뤄지지 않았다. 박춘금은 이후 재일교포 사이에서 유지로 활동했다. 재일교포 조직인

박춘금 무덤 터
대부분 밀양 동부순환도로(왼쪽)에 편입됐고,
일부 터만(오른쪽) 남아 있다.

재일본대한민국민단민단 고문을 맡았으며 1957년 일한문화협회 상임고문, 1962년 아세아상사 사장을 역임하고 1973년 3월 31일 도쿄에서 숨을 거뒀다. 그의 나이 82살이었다.

죽은 후 그의 시신은 경남 밀양시 교동 900번지 선산에 묻혔으나 세상에 알려지지 않았다. 그러다 1992년 일한문화협회가 박춘금 무덤 옆에 그의 송덕비를 세우면서 사람들에게 이 무덤이 알려졌다. 2002년 밀양지역 시민단체들이 박춘금 송덕비를 깨뜨리자, 무덤 철거 논의가 일었다. 이때 밀양 동부순환도로 터에 박춘금 무덤 일대가 편입됐고, 밀양시는 박춘금의 딸에게 보상비를 지급하고 무덤 이전에 합의했다. 박춘금의 무덤은 2006년 밀양 동부순환도로 공사가 마무리되기 전에 이전한 것으로 보인다.

박춘금은 어릴 때부터 일관되게 친일반민족 행위를 한 사람이다. 그는 행동력을 갖춘데다 눈치가 빨라 일본 재선 국회의원을 지냈고, 적지 않은 재산을 쌓았다. 그의 출세는 정치깡패들에게 좋은 '모범'이 됐다. 그는 입으로는 일본-조선 평등과 조선인 권리를 내세웠지만 동족을 갈취하고, 폭행하고, 죽이면서 자신의 이익을 채워나갔다. 일제 패망이 조금만 늦었더라면 그는 동족 수십만 명을 죽인 최악의 인물이 되었을 위험천만한 사람이었다.

박춘금 연표

- 1891년 4월 17일 양산 출생, 밀양에서 생활
- 1905년 대구 일본군 병영에서 급사로 일함
- 1907년 8월 일본으로 건너감
- 1917년 나고야조선인회장
- 1920년 상구회 조직
- 1921년 상애회 조직, 부회장
- 1923년 9월 관동대지진 당시 일본 당국을 도와 조선인 학살 사후 처리를 맡음
- 1924년 전남 신안군 하의도 소작쟁의 폭력 개입, 동아일보 사주와 사장 감금 폭행
- 1928년 하의도 농민회 강제 해산, 조선일보 편집국장 감금 협박
- 1930년 <우리의 국가 신일본> 발간
- 1932~1936년 일본 제18대 중의원(도쿄 4선거구)
- 1934년 4월 만주사변 공로로 훈 4등 수훈
- 1937~1941년 일본 제20대 중의원
- 1937년 11월 중추원 참의
- 1938년 일본-한반도-만주지역 친일단체 총괄단체인 '협화회' 발족, 상애회 흡수, 협화회 이사
- 1941년 도쿄지역 조선인 유지 모임인 대화구락부를 결성하고 회장 취임, 사실상 박춘금 사조직

- 1945년 야마토동맹 이사, 대의당 당수, 30만 명 학살 계획 세움, 해방 후 일본으로 도피
- 1949년 7월 반민특위에 의해 '반민족행위 1급 피의자'로 지명수배
- 1957년 일한문화협회 상임고문
- 1962년 아세아상사 사장
- 1973년 3월 31일 나고야에서 사망

박춘금과 김원봉의 고향
'밀양'

박춘금이 자란 밀양은 사실 일제강점기 독립운동가를 많이 길러낸 곳이다. 밀양시 내일동에 있었던 동화학교에서 전홍표 선생의 지도 아래 김원봉, 윤세주, 최수봉, 김상윤 등 의열단 핵심 요인들이 자라났다. 1919년 3월 13일 밀양 읍내에서 일어난 만세운동은 군중 1000여 명이 모여들었고, 주변으로 번져 나갔다. 4월 4일 밀양시 단장면 태룡리 장터에서 범어사·통도사 승려 57명의 주도로 약 5000명이 모여 만세운동을 했다. 4월 6일 밀양시 부북면 춘화리 춘화교회에서는 농민 400~600명이 모여 만세운동을 했다. 이렇듯 밀양은 도시 규모에 비해 독립운동이 활발했던 곳이다.

김원봉은 해방 이후 남한에 머무르다 노덕술 등 친일 경찰의 등쌀에 못 이겨 1948년 4월 월북했다. 이 때문에 밀양에 남겨진 김원봉 일가는 말 그대로 박살이 났다. 한국전쟁 발발 직후 김원봉 일가는 '불온분자'로 찍혀 김용봉, 김봉기, 김덕봉, 김구봉, 김학봉 등 5명이 체포됐다. 이 가운데 막내여동생인 김학봉을 제외하고는 모두 삼랑진 등에서 학살됐다. 또한 사업을 하던 김봉철 씨는 밀양에서 학살된 이들의 유골을 발굴하는 등 유족회 활동을 하다 5년간 옥살이를 했다. 이후 남겨진 김학봉, 김봉철 남매는 아이들을 고아원에 맡겨 놓는 등 힘겨운 삶을 살아야 했다. 김학봉은 여고 시절 교복을 입은 채 경찰에 끌려가 '김원봉의 행적을 대라'는 추궁과 함께 고문을 받았다. 한편, 김원봉은 1958년 북한에서 숙청된 이후 사망했을 것으로 추정된다.

참고자료

[도서]

친일반민족행위진상규명위원회, <친일반민족행위관계사료집>, 친일반민족행위진
상규명위원회, 2009

민족문제연구소, <친일인명사전>, 민족문제연구소 편집부, 2009

[논문]

정혜경, 「1920년대 재일조선인과 민족운동」, 『한국 근현대사 연구』 20호, 2003

김명섭, 「1930년대 재일조선인 아나키스트들의 활동과 이념」, 『한국민족운동사
연구』 37호, 2003

노주은, 「관동대지진과 일본의 재일조선인 정책」, 2007

김인덕, 「상애회 연구-1920년대의 조직과 활동을 중심으로」, 『한국민족운동사연
구』 33호, 2002

지승준, 「일제시기 참정권운동 연구-國民協會同民會時中會 계열을 중심으로」,
2011

전기호, 「일제하 재일조선인 차가난에 대한 연구」, 『經濟硏究』 12호, 1996

[기사]

이철호 기자, <오마이뉴스> 2015년 9월 23일 자, "형제 4명은 총살…김원봉 집
안 풍비박산"

김두천 기자, <경남도민일보> 2015년 8월 4일 자, "'수많은 김원봉 길러낸 힘' 민
족교육에 있었다"

네 번째

악질 헌병의 대명사
신상묵·박종표

침략의 시발점 '헌병 보조원'

헌병은 군대 내에서 경찰 역할을 하는 군인들을 말한다. 얼핏 생각하면 헌병은 일제 식민지배와 별 상관이 없어 보인다. 하지만 헌병과 헌병 보조원이 없었다면 일제는 한반도를 식민지로 만드는 것조차 쉽지 않았을 것이다.

1905년부터 전국에서 일어난 항일의병을 일제는 제압할 수 없었다. 지리에 익숙하고 게릴라 전법에 능한 항일의병을 제압하기 위해서는 조선인들의 협조가 필요했다. 일본은 1907년 투항한 의병, 친일단체, 빈농 등으로 구성된 헌병 보조원 4000명을 뽑았고, 1908년에는 2500명을 추가로 뽑았다. 이들 헌병 보조원은 한반도에 익숙하지 않은 일본군의 눈과 귀가 돼 주었다. 유명한 의병장인 신돌석을 체포한 것도 사실상 헌병 보조원이 한 것이나 다름없었다. 이들은 신돌석이 자주 사용하는 산길을 일본군에게 안내해 주었고, 주민들을 탐문해 신돌석 군의 위치나 병력, 상황 등을 상세하게 일본군에게 알려주었다.

따라서 일제는 한반도를 통치하기 위해 헌병과 헌병 보조원들을 버릴 수 없었다. 이후 일제는 조선인 가운데 일부를 헌병과 헌병 보조원으로 계속 활용했다. 이들 헌병과 헌병 보조원은 항일 인사들을 체포·고문하는 일에 앞장서게 되는데,

신상묵

박종표

특히 유명한 사람은 신상묵과 박종표이다.

신상묵은 1916년 8월 13일 전북 익산에서 태어났다. 1938년 박정희가 졸업한 대구사범학교를 졸업한 뒤, 6월부터 전라남도 화순군 청풍심상소학교에서 근무했다. 1940년 8월 일본군에 자원하여 육군특별지원병 제1기생으로 훈련을 받던 중 그해 11월 친일신문인 〈매일신보〉가 주최한 지원병 좌담회에 참석했고, 잡지 〈삼천리〉에 '지원병 일기'를 기고했다. 그 내용 일부를 살펴보면 다음과 같다.

"나는 선생 노릇을 하다가 지원병이 된 것을 무슨 출세를 하려는 것은 아닙니다. 물은 얕은 데로 흐르며 자식은 부모에게 효도하는 것과 같이 일본 남자인 우리들이 폐하(일본 왕)의 군인이 되는 것은 당연히 해야 할 일입니다(…중략…)참으로 황국신민이 될 생각이 있거든 그리고 내선일체를 실행하려고 생각하거든 이 훈련소로 오시오."
-잡지 〈삼천리〉에 실린 '지원병 일기' 중

이후 신상묵은 헌병 오장^{하사급}을 거쳐 1944년에는 조선인 최초로 헌병 군조^{중사급}에 이르렀다. 창씨개명한 이름은 '시게미쓰 구니오^{重光國雄}'다. 신상묵은 이후에도 친일 언론인 매일신보 좌담회에 참석해 전쟁 지원을 지지하는 발언을 했으며, 일본군 지원을 독려하는 글을 다시 싣기도 했다.

박종표는 1921년 부산 초량동 출신으로 동래중학교를 졸업하고 일본으로 건너가 동경고등학원과 동경 삼기영어학교 고등과에서 공부를 했다. 1942년 11월에 일본어 신문인 釜山日報^{부산일보} 기자로 일했다.

1944년 2월 헌병 보조원에 지원, 3개월간 훈련을 받은 뒤 그해 5월 1일 대구헌병대에서 헌병 보조원으로 일했다. 10월 1일 부산헌병대로 오면서 신상묵을 만나 항일 인사를 모질게 고문했다. 그의 창씨명은 '아라이 겐기치^{新井源吉}'로 당시 '아라이 헌병보'로 악명이 높았다. 해방 당시 그는 이등 헌병보^{병장급}였다.

그들은 어떻게 고문했나?

반민특위가 없었다면 이들이 저지른 악행은 영원히 묻혔을 가능성이 크다. 1949년 3월 반민특위에 박종표가 체포되면서 악행이 구체적으로 드러났다. 반민특위 조사기록 등으로 알려진, 이 두 사람이 저지른 고문사건은 다음과 같다.

  -학인동우회 사건으로 김주석 등 고문
  -정장호 고문 후 병사 사건
  -황학명 사건. 황학명 외 9명 고문
  -부산세무과직원사건. 4명 고문, 2명 사망
  -부산부두 미곡사건. 2명 체포 고문
  -양태의 사건. 2명 체포 고문
  -김상수 사건. 4명 체포 고문
  -김영민 사건. 3명 체포 고문
  -손유호 외 1명 체포 고문 사건
  -부산학생 사건. 8명 체포, 그 가운데 3명 고문
  -무궁당 사건. 20명 체포 고문, 주도자 김한경 고문 후 병사

　주로 신상묵이 고문을 총괄하면서 박종표가 주동이 돼 고문을 실행하는 식으로 두 사람은 손발을 맞춰나갔다. 두 사람이 고문한 사건 가운데 비중이 높은 사건들을 정리하면 다음과 같다.

　학인동우회 사건: 김주석 등 16~17세 학생들이 학교 내 조선인 학생에 대한 차별에 분개해 파견 나온 일본군 헌병을 집

단 구타하고, 학생 8명과 함께 '항일자금 조달, 조선어 보급, 문맹 퇴치, (친일)요인 암살' 등을 목표로 학인동우회를 만들었다. 회원 이춘삼이 1944년 1월 체포되면서 조직이 드러났고, 2월 조직원들이 체포돼 진해헌병대로 끌려와 신상묵과 박종표에게 숱한 고문을 당했다.

황학명 사건: 당시 중경^{重慶}임시정부를 돕기 위해 황학명, 이창석, 신동균, 추교덕, 조영관, 박용달 등이 벌인 다양한 활동을 말한다. 이들은 만주 북평탄광 폭파를 기도했으나 실패했고, 제주도 일본군 무전대에 근무 중인 황학명은 독립운동가들의 방송과 연합군의 전황을 국내에 흘려 동지들을 규합해 중경 임시정부와 합류하려 했으나 일본 헌병대에 발각됐다.

부산세무과직원사건: 1945년 일본에서 유학한 김대근을 중심으로 독립운동 조직을 결성하고, 유언비어를 흘렸다는 혐의로 4명을 체포해 2명을 고문치사케 한 사건이다.

부산학생사건: 1945년 3월 초순 부산공업학교 학생 130명이 일본군 병장기 관리회사인 조선제강회사에서 강제로 노동하던 중 공장 측의 차별 대우에 못 이겨 파업을 단행, 주도 학생들이 체포되고 악독한 고문을 당했다.

무궁당 사건: 평소 반일 감정이 높던 김한경은 조선은행에서 근무하면서 신문기자, 교사, 회사원, 대학생 등을 끌어들여 무궁당이라는 항일단체를 결성했다. 그러나 1945년 6월 신상묵 등에게 발각되고 20여 명이 체포돼 고문을 받고 다수가 기소됐다. 김한경은 고문을 받고 난 뒤 사망했다.

반민특위 신문조서에는 부산 일대에서 신상묵, 박종표에게 고문 당한 피해자들의 진술이 상세히 담겨 있다.

....

박용달 증언: 박종표는 당시 우리를 취급 조사할 만한 신분이 못 되고 단지 신상묵 등의 보조 역할을 하면서 뺨을 치는 등 이 정도입니다.

황학명 증언: 주로 신상묵과 일본인 헌병이 고문하고 박종표가 보조 역할을 했습니다.

배성명 증언: 본인의 취조와 고문 담당은 일본 헌병 조장이었으며, 보조는 박종표, 김유근 2명이 했습니다. 로프로 결박하여 비행기식으로 난타, 목검 난타 등 5일 동안 고문이 심해졌으며 약 10일간 신랄한 문초를 받았습니

다. 장수봉은 비행기식의 복부 구타 등이 혹독했습니다. 감옥에 있을 때 피부병으로 신음하다가 출옥 후에도 고문 후유증으로 3개월간 고신(누워서 요양)했습니다.

손유호 증언: 부산진극장에서 영화를 보다가 휴게시간 중 느닷없이 박종표 일행에게 체포돼 헌병파견대에 연행돼 곤봉으로 두부(머리)를 난타당하고 20여 차례 집어던 져져 기절했습니다. 구타 후 맹견을 넣어둔 방에 밀어 넣어 물고 덤비도록 했으며, 구타 이후 박종표는 '우리는 다같이 반도인으로서 황국신민이다. 이 성전에 협력해야 되니, 너는 희생적으로 우리에게 협력하여 밀정 노릇을 해달라'고 강권했습니다.

황석고 증언: 5~6명이 곤봉으로 난타했습니다. 고문은 주로 박종표와 일본 헌병 등이 하고 김유근이 보조를 했습니다. 한밤중에 수도 호스로 물을 억지로 먹이고, 콧구멍에 물을 주입하고 난타를 했으며 4~5일간 고문이 혹독했습니다.

최칠용 증언: 신상묵 지휘 아래 각기 고문을 분담하였는데, 본인은 신상묵과 보조역인 박종표와 일본 헌병 다수

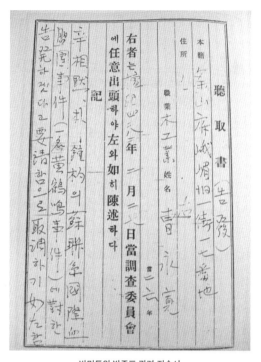

반민특위 박종표 관련 진술서
/정운현, 보림재 http://blog.ohmynews.com/jeongwh59

가 가담해 고문을 당했습니다. 곤봉 난타와 군홧발에 안면 난타를 당했으며 신상묵은 '이 사건 처리 후 크게 축배를 하자. 그리고 별 하나 더 붙는다'고 즐거워했습니다. 해방 후 출옥하였는데 김한경 동지는 고문으로 출옥 2개월 후 죽었습니다.

추교덕 증언: 전반적인 고문 과정은 신상묵 지휘하에 고문을 당하였는데 박종표에게는 그다지 심한 고문을 받지 않았습니다. 고문 방법은 구타, 난타, 방화용 수조 안에 반복적으로 담갔으며, 온 몸에 얼음물을 퍼부어 부채질하고, 잠을 안 재우는 등 초기에는 악독하게 하다 나중에는 완화책을 썼습니다.

박용달 증언: 신상묵 총지휘 아래 본인에 대한 고문 담당은 박종표, 김의경이 가담했습니다. 정좌 후 난타 등은 보통이며, 목검으로 머리 등을 난타, 방화용 수조 안에 물을 얼린 후 강제로 앉힌 후 얼음물을 퍼붓고 부채질하는 법 등으로 십수 차례 실신했습니다. 더구나 박종표는 야비교활하게 비양심적인 악랄행위와 폭언 등은 낱낱이 말하기 힘들 정도며, 신동균 동지를 여러 사람 앞에서 포악하게 구타하던 것을 생각하면 인간으로서는 상상하기 힘든 마귀의 소행인 듯합니다.

정무생 증언: (김한경 고문 피해에 대해 들은 내용을 진술)고문은 주로 신상묵 담당, 박종표 보조로 했으며, 방

법은 흉부를 결박 압박해 구타를 하는 법, 소위 비행기식으로 매단 후 난타를 하는 등 말로써 표현할 수 없었다고 합니다. 이 때문에 김한경 동지는 흉부 고문으로 인한 내부 장기가 상해 폐병 소화기 장애로 병사했습니다.

오필수 증언: 검거된 당일 밤부터 다음날 아침까지 난타와 마구 걷어차다가 2일 후 신상묵과 일본 헌병 등 2명이 난폭한 구타와 걷어차기, 일본도와 곤봉으로 때리는 등 혹독한 고문을 했으며 신상묵은 사건 전반의 주동적 역할을 하고, 박종표는 보조역이었습니다.

윤성근 증언: 총지휘는 신상묵이며 각자 취조를 분담했으며 본인은 신상묵의 담당 아래 발로 차이고, 일본도와 곤봉으로 배를 구타당한 건 예사였습니다. 박종표는 사건 전반에 보조 역할을 했으며 신상묵, 박종표 등이 악독했습니다.

박한석 증언: 10여 일 동안 악독한 고문을 당했는데 고문은 신상묵의 지휘 아래 결박한 후 20분간 유도 기술로 집어 던지고, 구타, 발로 차는 건 물론이며 종일 금식하고 눕지 않고 정좌로 앉게 한 후 철봉으로 머리를 구타

하고 거수법(擧手法)이었는데 이로 인하여 야간 2차례나 경련을 일으킬 정도로 혹독했습니다.

정우현 증언: 신상묵, 박종표, 박성도 등 3인에게 20일 간 혹독한 고문을 당하고 석방됐습니다. 방화용 수조에 담그거나 사다리에 묶은 채 물 먹이고, 목검으로 난타하고 발로 난타하는 등 매일 심한 고문을 받았습니다.

김상수 증언: 고문은 신상묵 군조 등 4명이 주로 했으며 박종표와 박성도는 보조를 했습니다. 45일간 연속 고문을 받았는데 머리를 거꾸로 하고 물구나무 세우고, 수건으로 얼굴을 씌운 채 물을 먹이는 방법으로 4차례 기절했으며, 4~5인이 모여 각 50여 회 곤봉 난타, 결빙된 방화용 수조에 몸을 담그는 법, 일본도 등으로 타격하는 법, 비행기식 고문 등으로 말로 표현할 수 없는 정도였습니다.

김영민 증언: 취조와 고문은 주동적으로 박종표가 담당하고 간혹 일본 헌병이 가담했습니다. 독서회원 명부 제출 요구에 불응했더니 구타하고 매일 반나체로 정좌케한 후 목검으로 구타하고 일본도와 곤봉으로 때리고 협박하

는 정도였습니다.

임석춘 증언: 신상묵, 박종표 외 일본인 2명이 방화용 수조에 반복해서 빠뜨려 실신케 했습니다. 이런 방식으로 약 1주일간 매일 계속하고 심한 구타를 하고, 그 후는 결박하여 긴 나무를 어깨 뒤로 괸 채로 난타하고, 발로 차고, 물을 먹이는 방법으로 수차례 실신했습니다. 10여 일후 신상묵, 박종표와 일본인 3명이 유도 허리 던지기 기술을 수십 차례 해 기절했습니다. 따로 구타한 것은 너무 많아서 설명하기 어렵고, 일본인보다 신상묵, 박종표가 주동적으로 악랄한 고문을 했습니다. 증거 불충분으로 20여 일 만에 석방됐습니다.

양태의 증언: 신상묵이 일본인 4명과 함께 결박한 후 긴 나무를 어깨에 끼워 넣고 팔과 상반신을 비틀며 난타하고, 2차례 기절하기까지 물을 먹이고 고문했습니다. 4일 째는 박종표와 일본인 군조 두 사람이 결박한 채 20분 동안 유도기술로 집어던져 수차례 기절했습니다. 박종표는 머리를 거꾸로 한 후 걸터앉아서 물을 먹이자 6~7차례 실신했는데, 일본군 군조가 만류해도 듣지 않았습니다. 그 후로 매일 혹은 격일로 일본군 군조가 허리띠로

(채찍처럼) 전신을 난타했습니다. 박종표는 안면에 침을 뱉고, 두 발을 당기고, 뺨을 치며, 담뱃불로 지지고, 군화 밑바닥으로 얼굴을 짓밟는 것이 고문보다 더욱 못 견딜 고통이었습니다. 20여 일 후 증거 불충분으로 석방한다더니 박종표는 일본인 군조와 상의한 후 재조사할 필요가 있다고 하며 별실 창고 2층으로 끌고 가더니 허리를 치고 허리띠로 난타하는 것을 2~3일 계속했습니다.

이영일 증언: 전체적인 지휘는 신상묵이 하고 각각 분담해서 취조했습니다. 신상묵에게 난타당하고, 마구 차였습니다. 신상묵 군조는 당시 대개의 사건을 주도했으며 악질적으로 박해하였고, 박종표는 신상묵의 보조자로서 정신적으로 가장 교활한 수단으로 동지를 괴롭혔습니다.

김상구 증언: 신상묵 지휘하에 고문을 당했으며 각각 고문을 했고, 신상묵의 구타가 혹독했으나 박종표는 직접 가담하지 않았습니다.

최창열 증언: 28일간 갖은 고문을 받았으며, 신상묵이 주동이었으며 박종표는 보조했으나 정신적으로 악질이었습니다.

박희원 증언: 김한경 동지가 자백한 후 심한 고문은 없었으나 그 전에는 악랄한 고문이 많았습니다. 전체적으로 신상묵, 박종표가 악랄했습니다.

반민특위 진술에서 보다시피 피해자들에게 행해진 고문 방법은 잔혹하면서도 다양했다. 체포되면 곤봉, 목검, 군홧발로 난타당하고 유도기술로 피해자들을 수십 차례 집어 던져 혼을 빼 놓는다. 이후 식도에 호스를 꽂고 물을 강제로 먹인 뒤 배를 눌러 토하게 하는 고문, 욕조에 물을 채워 완전히 얼린 다음 그곳에 사람 하나 앉을 공간을 파서 피해자를 앉혀 놓은 뒤 얼음물을 계속 끼얹고 난 후 피해자가 실신하면 부채질을 해 깨운 다음 다시 얼음물을 퍼붓는 방식을 자주 썼다.

이 외에도 당시 친일 헌병들은 고문이 심해지면 불에 달군 화로를 얹어 놓거나 불로 살을 지지는 방법, 손발을 모아 결박한 후 허공에 매달아 놓고 폭행하는 비행기식 고문, 전기고문, 피해자를 결박한 후 깊은 물에 완전히 담갔다가 꺼내는 방법, 관 속에 피해자를 넣어 놓고 관에 물을 주입해 피해자를 죽음 직전까지 가도록 하는 방법, 맹견이 있는 방에 밀어 넣어 맹견이 사람을 물어뜯도록 하는 방법 등을 썼다.

어린 학생도 무자비하게 고문

신상묵과 박종표는 어린 학생이라고 봐주지 않았다. 김주석(당시 17세)을 고문할 때는 숱한 폭행과 손가락 고문에 이어, 관 속에 넣어 물을 주입하는 고문을 썼다. 이어 고문으로 죽은 여러 사람들의 사진을 보여 주며 '너도 이렇게 한다'고 협박했다. 부산학생사건으로 체포된 황석고(당시 19세)는 폭행을 당한 이후, 수도 호스로 물을 먹이는 고문, 코에 물을 부어 숨을 쉬지 못하도록 하는 고문 등을 당했다. 이런 고문을 4~5일동안 매일 당했다.

고문으로 죽은 사람의 모습은 어땠을까? 반민특위 조사기록에서는 부산세무과직원사건에 연루돼 죽은 김대근이 당한 고문과 죽음 과정이 자세하게 드러나 있다.

당시 부산세무과 동료인 신남철이 참고인으로 불려가 고문을 받고 헌병대 유치장에 김대근과 하루 머물렀다. 신남철은 "김대근은 고문의 흔적이 역력했고, 내가 '어떻냐'고 물으니 김대근은 '나는 곧 죽겠다'고 답했습니다. 양팔을 보이는데 불로 지져 찢어져 있었고, 수건으로 입을 가렸는데 입이 온통 피투성이가 돼 있었습니다"고 진술했다. 이후 그는 며칠 동안 고문당하면서 김대근이 고문당하는 모습을 간간이 보았다. 김대근은 죽음 직전에 수차례 의사를 불러달라고 간청했으나 헌병은

이를 무시하였고, 애통한 목소리로 헌병에게 우유를 달라고
한 것이 신남철이 본 김대근의 마지막 모습이었다.

김대근 사망 전후로 숙모뻘인 손경연이 김대근을 보살폈다.
손경연은 "반쯤 죽은 상태에서 사람 모양 같지 않았고 전신이
피투성이에 붕대덩어리가 돼 있었습니다. 김대근이 자신을 감
시하는 헌병에게 '살려주시오'라고 한 말이 마지막이었습니다.
사망 후 전신을 감싼 붕대를 풀어보니 몸이 흑색에 가깝게 돼
있었고, 불로 지진 상처가 허다하고 혈관이 파열된 곳은 (박종
표 등이)탈지면으로 막아두었습니다"고 진술했다.

김대근이 부산병원에서 죽자, 박종표 등은 허위 진단서를
꾸며 사건을 조작했다. 이후 반민특위에서 박종표는 '(김대근
의 사망 원인에 대해) 급성폐렴이 온 듯하다'고 둘러댔다.

고문에는 교묘한 심리전도 활용됐다. 부산학생사건 피해자
인 황석고를 고문하면서 헌병 보조원인 김유근이 '나는 너의
선배(부산상고)로서 더욱 조선 사람의 설움을 잘 안다. 우리
가 조국 광복을 다 같이 원하는 바이다. 그 포부를 기탄없이
토로하라'고 설득하자 황석고는 이것이 함정인 줄 모르고 속내
를 진술했다가 더욱 큰 고문을 당했다. 다른 사람이 고문당하
는 모습을 보여주거나 위에서 언급했듯이 고문당해 죽은 시신
을 보여주면서 협박하기도 했다.

한편, 부산헌병대 헌병 보조원 가운데에는 박정도라는 사

람이 있었다. 그는 중국어 통역을 담당했고, 중국인을 고문했다. 중국인을 고문할 때 칼로 근육을 도려내는 참혹한 수법을 쓰기도 했다.

고문은 진술을 받아내기 위함이 대부분이지만, 정보원을 확보하기 위해 고문을 활용하기도 했다. 1945년 6월 15일 오후 2시경 손유호는 극장에서 영화를 보고 있었다. 그때 박종표와 일본 헌병이 그를 체포해 헌병대로 연행했다. 체포 이유는 '전쟁 시기에 영화나 보면서 전쟁에 협력하지 않는다'는 황당한 이유였다.

이후 박종표는 손유호를 수없이 구타하고, 맹견이 있는 방에 밀어 넣어 맹견에 물어뜯기게 했다. 그런 다음 박종표는 "우리는 다 같이 반도인으로서 황국신민이다. 국가의 안위를 결정하는 이 성전(전쟁)에 협력을 해야 한다. 너는 희생적으로 우리에게 협력하여 밀정 노릇을 해달라"고 강요했다.

1945년 6월 박종표는 정장호의 집에 다짜고짜 쳐들어가 5일 동안 모질게 고문했다. 박종표는 그가 곧 죽을 것이라는 것을 알았다. 그래서 정장호를 헌병대 뒷담으로 밀어 던져 놓고 '정장호가 탈옥했다'고 보고했다. 정장호는 자기 집에 들어서자마자 피를 토하고 죽었다.

처벌이 아니라 출세…3·15의거 때 김주열 시신유기

신상묵과 박종표의 고문과 악행은 해방 직전까지도 이어졌다. 해방이 되자 처벌은커녕 신상묵은 되레 출세길을 내달렸다. 신상묵은 1946년 7월 경찰에 입문했고, 9월 전라남도 진도경찰서장을 시작으로 1950년 5월 전라남도 경찰학교 교장이 됐다.

한국전쟁이 일어나자 낙동강 월배지구 경찰전투대 사령관을 맡았고, 1950년 총경으로 승진해 경상북도 영일경찰서장, 9월 경상북도 보안과장을 지냈다. 1951년 7월 경무관으로 승진한 신상묵은 지리산지구 전투사령관과 1952년 10월 서남지구 치안국 전방사령부 사령관을 지냈다. 1953년 4월 전라북도 경찰국장^{전북 경찰청장 격}, 1953년 12월에는 서남지구 전투사령관 등 요직을 거치다 1959년 4월 경찰에서 퇴직했다. 퇴직 후에는 전라북도 산업국장으로 일했고, 후에 서남흥업이라는 기업의 고문으로 있었다.

신상묵은 친일, 고문 행위에 대해 아무런 처벌을 받지 않았다. 심지어 이와 관련해 재판을 받거나 진술을 하는 일도 전혀 없었다. 오히려 제주도에는 제주도 경찰국장 시절 그의 공을 치하하는 기념비가 2개나 건립됐다. 그는 전혀 다른 일로 재판정에 올랐다. 1960년 초, 지리산에 무분별한 벌목과 벌목

동아일보 1964년 12월 22일 자 '지리산 도벌 사건' 배후로 지목된
신상묵 관련 기사 /네이버뉴스라이브러리

허가가 남발되고 있었다. 이로 인해 지리산은 빠르게 황폐화
되고 있었다. 1964년 11월 박정희는 불법 벌목자들을 처벌하
라고 직접 지시했다. 이에 경남과 남원에 수사본부가 설치되
고, 서남흥업 주요 인사 14명이 구속됐다. 이 중에 신상묵도
있었다. 그러나 1965년 대법원에서 무죄 판결을 받고 자유의
몸이 되었다.

박종표는 해방 이후 철도청 부산공작소에서 일하고 있었
다. 1948년 반민특위가 결성되고, 1949년 3월 반민특위에 체

포됐다. 반민특위 조사에서 광범위한 고문 사실이 드러났지만 박종표만 재판을 받았을 뿐 신상묵은 소환조차 되지 않았다. 박종표는 일관되게 신상묵의 지시에 따라 보조 역할을 했을 뿐이라 진술했다. 또한 일본 헌병 보조원이 된 것은 전쟁 당시 징용에 끌려가지 않기 위한 방책이라고 진술했다.

박종표는 반민특위에 의해 기소됐지만 고문의 주범인 신상묵이 없는 상태에서 중형을 기대하긴 어려웠다. 게다가 1949년 6월, 경찰과 우익 깡패가 반민특위를 습격해 특위가 유명무실해지면서 재판 또한 흐지부지되고 말았다. 검찰은 박종표에게 '공민권 3년 정지'라는 가벼운 형을 구형했고, 1949년 8월 19일 재판부는 아예 무죄로 박종표를 풀어줬다. 재판부는 왜 박종표가 무죄인지 묻는 기자들에게 다음과 같이 답했다.

"일제 때의 헌병보 박종표를 죄가 없어 무죄 석방한 것이 아니다. 그는 2대 독자로서 일정 때 징병징용을 피하기 위하여 22세 때 헌병보로 되었으며 약 1년 동안 일제 헌병의 고문을 보조하였다. 그러나 그는 과거의 자기 잘못을 깨닫고 형무소에 있어서도 모범수였을뿐더러 자기가 범한 과거 죄악을 솔직히 고백하였다. 이러한 점을 미루어 보아 개전의 정이 많음에 비추어 그의 죄를 면제한 것이다."

박종표는 재판부에 "오늘날 조국이 독립하고 민주건국을 위한 민족정기를 바로잡고 파사현정^{그릇된 것을 깨뜨리고 올바르게 바로잡는 것}의

성업에 제하여 진정한 대한민국의 일국민이 되기 위하여 모든 과거의 오류는 3천만 동포 앞에서 깨끗이 씻고 법에 의한 정당한 처분을 받고 하더라도 속히 또다시 청정한 몸으로 사회에 나와서 미력이라도 나머지 평생을 조국을 위하여 과거를 회개함으로써 나오는 참되고 강렬한 신념으로 일신을 바치겠습니다. 그리고 감히 진언할 것은 죄를 받는 동안(감옥에 있는 동안) 청년의 활동력이 무위소모^{무의미하게 소모}되는 것을 대단히 유감으로 생각하며 가석^{애석}하게 여기는 바입니다"라며 변화된 삶을 살겠다고 다짐했다.

'과거를 회개하겠다'던 박종표는 신상묵과 마찬가지로 경찰에 들어가 1960년에는 마산경찰서 경비주임^{경위}을 하고 있었다.

1960년 3월 15일, 3·15부정선거를 규탄하는 1만 명의 마산 시민들이 마산시청으로 '내 표 내놔라'며 모여들었다. 이때 경찰은 시위대에 무차별 발포를 하고 최루탄을 직격했다.

시위대가 흩어진 밤 10시쯤, 박종표는 교통주임으로부터 '최루탄이 눈에 박힌 괴이한 시체가 있다'는 소식을 듣게 된다. 박종표가 이 사실을 손석래 마산경찰서장에게 알리자, 손 서장은 '알아서 처리하라'고 지시했다. 박종표는 지프차에 시신을 싣고 마산시 월남동 마산세관 앞 해변가에서 큰 돌을 여러 개 매달아 바다에 빠뜨렸다. 이때 순경 한대진과 지프차 운전사가 도와줬다. 과거 정장호를 유기했을 때를 떠올리게 하는

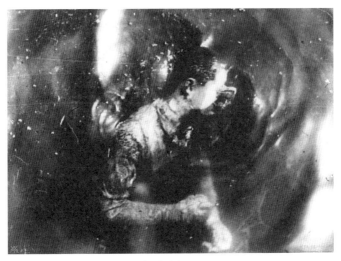

마산 앞바다에 떠오른 김주열 시신 /민주화운동기념사업회 오픈아카이브즈

현장검증 중인 박종표 /민주화운동기념사업회 오픈아카이브즈

4·19혁명재판에서 사형을 구형받은 박종표(사진 중 X표)와
당시 이를 보도한 <동아일보> 기사

신속한 처리였다.

그러나 시신에 급하게 묶은 돌이 빠지면서 김주열 시신은 4월 11일 마산 앞바다에 떠오르게 된다. 이것이 도화선이 돼 4·19혁명이 일어났다.

박종표는 4·19 이후 설치된 혁명재판소에서 시신 유기와 최루탄 발사 혐의를 모두 인정하고 사형을 선고받았으나 나중에 무기징역으로 감형된다. 그리고 박정희 정권의 사면으로 최종적으로 7년으로 감형받게 된다.

박종표는 감옥에서 나온 뒤 행방이 묘연하다. 〈3·15의거사〉 편찬위원장이었던 홍중조 선생은 "1994년까지 부산 서면에서 식당을 했고, 마산경찰 출신 인사들이 찾아가 축하해주기도 했다"고 밝혔다.

신상묵은 1984년 68살의 나이로 죽었다. 2004년 그의 아들 신기남은 아버지의 친일 이력이 드러나자 열린우리당 의장직에서 물러났다.

신상묵은 항일 인사를 고문하고, 죽인 것이 죄가 되기는커녕 오히려 '실적'이 돼 해방 이후 출세가도를 달렸다. 박종표는 고문이 끝난 후 '보기보다 힘이 좋다'고 웃으며 농담을 해 피해자들을 전율케 했다. 그들이 출세가도를 달릴 때, 고문당한 항일 인사들은 죽거나 젊은 나이에 반신불수가 되거나 실명되는 등 평생 고통 속에 살아야 했다.

신상묵 연표

- 1916년 8월 13일 전북 익산 출생
- 1938년 대구사범학교 졸업, 청풍심상소학교 근무
- 1940년 일본군 지원병 자원입대
- 1940~1945년 일본군 헌병. 1944년 헌병 군조[종사]
- 1946년 9월 전라남도 진도경찰서장
- 1950년 전라남도 경찰학교 교장
- 1951년 지리산지구 전투사령관
- 1953년 전라북도 경찰국장
- 1954~1956년 제주도 경찰국장
- 1959년 전라북도 산업국장
- 1984년 사망

박종표 연표

- 1921년 부산 초량동 출생
- 1942년 일본어 신문 釜山日報^{부산일보} 기자
- 1944년 2월 헌병 보조원 지원
- 1944년 10월 부산헌병대 파견. 신상묵 만남
- 1945년 해방 이후 철도청 부산공작소에서 근무
- 1949년 3월 반민특위에 체포
- 1949년 8월 반민특위에서 무죄 선고
- 이후 경찰 입문, 1960년 마산경찰서 경비 주임^{경위}
- 1961년 혁명재판소에서 무기징역 선고 이후 감형, 출소 후 행방 묘연

일제와 맞선 일본인들

'민족의 피가 가슴을 치는 우리의 그 누가/무한한 증오를
일순에 내리친 우리들의 그 누가/1919년 3월 1일을 잊을쏘냐!/
그날/대한독립만세! 소리는 방방곡곡을 뒤흔들고/짓밟힌 일장
기 대신/모국의 깃발이 집집마다 휘날렸다.'

이 시는 항일애국지사의 시가 아니다. 일본 시인 마키무라
고가 1932년에 쓴 시다. 순수 일본인인 그는 20살에 위 시를
남겼다. 이후 조선해방운동, 공산주의 활동을 하다 일본 당국
에 체포돼 26살의 나이로 감옥에서 죽었다.

1933년 3월 하순. 만주에서 항일운동을 하던 유격대 앞에 기이한 광경이 펼쳐졌다. 일본군 보급차량이 고장난 채 서 있었고, 이다 스케오라는 일본인 장교가 쓰러져 있었다. 그는 유격대 앞으로 유서를 남겼는데 '일본 파쇼^{제국주의}에 나는 반대하지만, 전쟁을 일으킨 야수들에게 포위되어 도망칠 수가 없었다. 내가 남긴 탄환으로 파쇼군대를 쏘고 혁명을 이뤄달라'는 내용이었다. 그가 남긴 트럭에는 총탄 10만 발이 있었다.

1932년 4월 29일, 윤봉길 의사의 의거 소식을 초조하게 기다리던 독립운동가들에게 한 일본인 기자가 비를 맞으며 뛰어왔다. 그 기자는 "너희 성공했다, 너희 성공했다. 시라카와가 죽고 노무라 사령관 눈알이 빠졌다"며 의거 소식을 독립운동가들에게 전해 주면서 함께 기뻐했다. 그는 독립운동가들의 의거 계획을 사전에 눈치채고 있었지만, 일본 당국에 알리지 않았고 심적으로 지지했다고 전해진다.

1931년 결성된 항일 무정부주의 단체인 '남화한인청년연맹'에는 일본인 청년 2명이 가담해 활동하고 있었고, 적지 않은 일본 지식인들이 항일운동을 지지했다. '당시엔 다 그랬다. 어쩔 수 없었다'던 친일반민족행위자들의 논리가 궁색해지는 대목이다.

참고자료

[자료]

한국사데이터베이스, 반민특위 조사기록

[도서]

박원순, <야만시대의 기록>, 역사비평사, 2006

정운현, <친일파는 살아있다>, 책보세, 2011

민족문제연구소, <친일인명사전>, 민족문제연구소 편집부, 2009

김효순, <간도특설대>, 서해문집, 2014년

[논문]

김정은, 「일제하 경찰조직과 조선인통제정책」, 1998

권구훈, 「일제 한국주차헌병대의 헌병보조원 연구(1908~1910)」, 『史學硏究』

55· 56호, 1998

[블로그]

김주완 김훤주의 지역에서 본 세상(2kim.idomin.com)

다섯 번째

악질 경찰의 대명사
노덕술

해방 후 서울, 어느 청년의 죽음

1948년 1월 27일 수도경찰청^{당시 서울경찰청} 중부경찰서 형사실. 20대 중반의 남성이 모진 고문을 받고 있다. 고문 받는 남자는 박성근이라는 사람으로 3일 전 발생한 장택상 수도경찰청장^{현 서울경찰청장} 피습 사건의 용의자로 붙들려온 사람이었다. 그는 총 5명의 경찰에게서 고문을 받고 있었는데, 중년의 남성은 곤봉으로 박성근을 무차별 난타한 뒤, 나머지 4명에게 물고문을 하라고 지시했다. 모진 물고문이 이어졌고, 박성근은 물고문을 견디다 못해 끝내 사망하게 된다.

박성근이 죽자 형사실에 있던 경찰들의 얼굴은 흙빛이 됐다. 수도경찰청장을 습격한 이 사건은 여론의 이목을 받는 중요한 사건이었다. 그런데 용의자를 죽여 버렸으니 어찌 이를 수습할 것인가? 잠시 침묵이 흐른 뒤 중년의 남성은 경찰들에게 하나하나 지시를 내리기 시작했다.

그날 밤, 중부경찰서 2층 창문이 벌컥 열리면서 "저놈 잡아라!"는 고함소리가 일대를 울렸다. 두어 명의 형사들이 창문을 뛰어내려 누군가를 미친 듯이 쫓아가자 주변에 있던 사람들과 경찰 시선이 한쪽으로 쏠렸다. 이 틈에 형사실에 있던 사람들은 죽은 박성근의 시신을 동여매고 자동차에 실었다. 그리고 이들은 쏜살같이 한강으로 내달렸다. 당시 한강은 꽁꽁 얼어

노덕술 /MBC 방송화면 캡처

있었다. 드문드문 얼음낚시를 위해 낚시꾼들이 뚫어 놓은 구
멍이 있었다. 일행은 그중 한 구멍으로 박성근을 밀어 넣었다.
이렇게 한 청년이 사라졌다.

　그러나 6개월 뒤 박성근의 시신이 한강 위로 떠올랐다. 사
건의 전모는 곧 밝혀졌다. 이 경악할 만한 사실에 여론은 뒤집
어졌다. 경무부경찰청는 이 고문치사 사건의 주모자로 중년의 남
성을 체포했다. 사람을 사정없이 고문하고 잽싸게 시신을 유기
했던 이 중년 남성의 이름은 노덕술이었다.

밑바닥에서 꼭대기까지

노덕술은 1899년 6월 1일 울산 장생포에서 태어났다. 그는 중학교 2학년 중퇴 후, 일본인 잡화점에서 잠시 일하다 일본 홋카이도에 다녀왔다. 1918년 경찰이 되기 위해 경남순사교습소에 지원했다. 교습소를 졸업한 후 일제 말단 순사로 경찰 생활을 시작했다.

비록 학력도 낮고, 든든한 배경도 없었지만 그는 승승장구했다. 1921년에는 순사부장을, 1924년 말 경부보 시험에 합격한 후 경부보로 경남지역을 돌면서 근무하다, 1933년에는 드디어 경부^{경감}가 됐다. 이만하면 조선인으로서 올라갈 수 있는 사실상 꼭대기에 올라간 셈이다.

노덕술은 여기에 만족하지 않았다. 1943년 9월 30일 그는 드디어 경시^{총경 급}에 올랐다. 조선인 가운데 일제 경찰로 경시를 단 사람은 36년 강점기를 통틀어 21명뿐이었다. 해방 직전인 1943년 2만 2728명(순사보 제외)의 일제 경찰이 있었고, 이들 중 조선인 경시는 8명뿐이었다. 노덕술을 제외한 조선인 경시들은 이미 대한제국 시대부터 경찰 경력이 있거나, 대학을 졸업한 엘리트가 대부분이었다. 그럼에도 그는 낮은 학력으로 일본인들도 달기 힘들다는 경시를 달았다. 이는 단 하나의 이유로밖에 설명할 수 없다. 일제의 눈에 들기 위해 필사적으로 노력했다는 것이다.

그는 일제의 눈에 들기 위해 항일 인사나 항일 사상을 가진 이들을 무자비하게 잡아들이고 고문했다. 대표적인 예를 들면 다음과 같다.

1927년 10월 민족단체인 신간회 동래지회 간부 박일향을 잡아들여 무자비하게 고문했다. 이때 노덕술에게 고문 받고 죽은 독립운동가가 3명이나 된다고 한다.

1928년 겨울 부산제2상업학교 비밀결사단체인 혁조회가 적발됐다. 혁조회는 19~23세 약 150명의 회원이 있었고, 반일투쟁 역사와 조선 역사를 정리한 〈배일지집〉을 작성해 배포했다. 노덕술은 혁조회 가운데 회장 김규직 등 9명을 잡아들여 무자비하게 고문했다. 그 가운데 김규직과 유진흥, 양정욱이 고문 후유증으로 사망했다.

당시 〈동아일보〉에는 다음과 같은 내용이 실려 있다.

"유진흥은 처음 동래경찰서에 검거되어 혹독한 취조를 받은 후로부터 피를 토하고 몸이 몹시 약해지는 동시에 빈혈증까지 걸리게 되어 (…중략…) 4~5일 전부터는 돌연히 병세가 험해져 지난 7일에는 체온이 40도나 된다는 바, 그의 모친은 지난번에 김규직 군이 죽은 것을 연상하

고 하도 걱정스러워 매일 형무소 문전에 와서 눈물로써
세월을 보내고 있는 중이다."

-〈동아일보〉 1929년 7월 11일 자

1932년 5월경 노덕술은 통영경찰서에 근무 중이었다. 당시
반일단체 ML당원인 김재학이 5월 1일 메이데이^{노동절} 시위행렬
에 참가했다는 이유로 노덕술이 직접 검거해 두 손을 뒤로 두
발을 앞으로 결박해 천장에 매달아 구타와 함께 숱한 고문을
했다. 이 외에도 노덕술은 1년 남짓 통영에 근무하는 동안 수
많은 사람을 잡아들이고 고문했다.

김재학의 조카 김문한 씨는 〈MBC〉 '이제는 말할 수 있
다-53년 만의 증언, 친일경찰 노덕술 편'에서 다음과 같이 말
했다.

"하여간 통영에서 엄청나게 잡혀가지고 제일 많이 고문한
사람들이 허기비 노덕술이 한경부 이런 사람들이 (…중략…)
솔직히 말하면 그는 들어가면 물고문하고 전기고문하고 반쯤
죽여 버리지요 뭐."

1929년 동래고등보통학교^{동래고등학교}에서 일본 교사와 한국인
학생 간에 민족 갈등이 일어나고, 마침 광주항일학생운동 소

133

식이 들려오자 고등학생들은 동맹휴학을 했다. 이에 노덕술은 2차례에 걸쳐 학생들을 구속해 모질게 고문했다.

그러나 그는 항일운동과 별 관련이 없는 사건도 공안사건으로 만들기 위해 안간힘을 썼다. 1925~26년경 부산에서 외지유학생 강연회라는 것이 열렸다. 일본에 유학 중인 고등학생 대학생들이 '기독교적 사회와 사회적인 기독교'라는 주제로 강연을 열자, 노덕술은 '내용이 불건전하다'며 연설자 7~8명을 경찰서에 구금해 근 한 달 동안 혹독하게 심문했다.

또한 1929~30년경 여름방학 동안 동래유치원에서 개최한 조선인 일본유학생들의 귀국강연회를 노덕술은 '일본정치 비난'이라는 명목으로 연설자들을 체포해 고문 취조했다.

특이한 것은 이 당시 노덕술은 사법계 주임으로 일하고 있었을 때였다. 사법계란 일반 형사사건을 담당하는 것으로, 공안사건이나 시국사건은 고등계에서 맡고 있다. 노덕술은 사법계에서는 출세하기가 쉽지 않다는 것을 파악하고, 고등계에서 해야 할 사건을 직접 나서서 처리하는 '오지랖'을 앞세워 일제의 이목을 끌었다. 1932년 통영경찰서에 있을 때는 사법계 주임이면서 아예 고등계 업무를 겸하고 있었다.

그러나 단순히 항일 인사를 잡아들이고, 고문한다고 해서 그렇게 출세하기는 쉽지 않다. 당시 일제 조선인 경찰 중에서는 노덕술같이 항일 인사를 탄압하고 고문하는 이들이 상당히 많았다. 특히 조선인을 고문할 때는 조선인 경찰에게 맡김으로써 일제는 조선인 사이에서 갈등이 빚어지기를 원했다. 당시 시중에서는 '일본인 경찰은 수갑을 채워서 잡아 가고, 조선인 경찰은 손을 꿰어서 잡아 간다'는 말이 나돌 정도였다.

노덕술은 일제의 눈에 들기 위해서는 다른 무언가가 더 있어야 한다고 판단했다. 1931년 만주사변 이래 일제는 중국 침략을 본격화하면서 많은 물자의 원활한 수송이 절실할 때였다. 노덕술은 여기에 초점을 맞추고 화물자동차 징발과 군수품 수송에 적극 나섰다. 일제의 공훈 기록에 따르면 1937~38년 노덕술의 군사수송 관련 업무는 84회, 1938~1940년에는 104회에 달했다. 또한 이 기간에 일제 침략 정당화를 위한 여론 환기 및 선전활동과 친일 좌담회를 35회 진행하는 등 그야말로 일제의 눈에 들기 위해 각고의 노력을 다했다.

그리하여 1940년 4월 일제로부터 공로상을, 1941년 3월 훈8등 훈장을 받았다. 그리고 드디어 1943년 9월 30일 경시로 승진했다.

한편으로 노덕술은 부패한 경찰이기도 했다. 1923년 3월 울산에서 서응윤이라는 사람이 거액을 들고 소를 사서 돌아오는 길에 친구 황정호라는 사람과 술을 마신 후 얼마 지나지 않아 해변가에서 시신으로 발견됐다. 상식적으로 황정호를 체포해 심문해야 함이 맞지만 경찰에서는 피해자 서응윤 형에게

호출장을 보내고, 황정호는 제대로 심문조차 하지 않고 풀어
주는 등 납득할 수 없는 수사를 벌였다. 황정호의 외삼촌 노
덕술은 당시 울산경찰서 순사부장이었다.

동아일보 1931년 1월 25일 자 노덕술 사기죄 피소 기사

1931년 1월에는 사기죄로 고소당하기도 했다. 부산에서 황경홍이라는 사람이 상해죄로 잡혀 들어오자, 황경홍의 어머니는 노덕술에게 장차 어떻게 되겠냐고 물었다. 노덕술은 '이 사건은 내 손에 달려 있고, 내가 하기에 따라서 확대할 수도 있고, 축소할 수도 있다'고 했다. 이에 황경홍의 어머니는 당시 돈 100원^{현재 시세로 800만 원가량}을 노덕술에게 건넸고, 노덕술은 '무사히 해줄 터이니 안심하고 있어라'고 했다. 그러나 노덕술은 돈만 받고 아무런 조치를 취하지 않았고, 황경홍의 어머니는 노덕술을 사기죄로 고소한 것이다.

반민특위 조사기록에 따르면 1949년 노덕술의 재산은 60만~70만 원에 달했다. 이는 당시 80킬로그램 쌀 8만 가마를 살 수 있고, 현재 시세로 하자면 100억 원이 넘는 재산을 모은 셈이다.

노덕술 못지않았던 악질 친일 경찰들

노덕술은 일제시대 '고문귀신'으로 악명이 높았다. 그는 과거에 시도되지 않았던 새로운 형태의 고문 기술을 창시하기로 유명했다. 지금까지 알려진 것으로 대표적인 노덕술 고문은 다음과 같다.

-좁은 상자에 가둬두고 밖에서 못을 박는 고문

-피해자의 혀를 잡아 빼는 고문, 혁조회 취조 당시 학생들에게
사용한 고문이다

-피해자의 머리카락을 뽑는 고문, 역시 혁조회 취조 당시 학
생들에게 사용했다

-손을 앞으로, 발을 뒤로 묶어 놓고 매달아 놓은 다음 구타
하거나 물을 먹이는 고문

하지만, 이는 노덕술이 '개발'한 고문 가운데 빙산의 일각에
불과하다. 일설에 따르면 일제 경찰이 전국의 고문기술을 총
정리했는데, 그 가운데 70%가량이 노덕술의 기술이라는 말이
나돌 정도였다.

그렇지만 이것만을 가지고 노덕술을 '최고의 친일 악질 경
찰'이라고 부르기는 힘들 것이다. 일제시대 노덕술 외에도 쟁
쟁한 경쟁자들이 많았기 때문이다.

당시 노덕술과 함께 고문귀신으로 악명 높은 사람 중 하판
락이 있다. 하판락은 1934년 순사로 경찰 생활을 시작했다.
1930년대 말 부산에서 일제 신사참배를 거부한 기독교인 수
십 명을 고문하면서 악명을 떨치기 시작했다. 1943년 '친우회
불온 전단사건'으로 여경수 외 7~8명을 고문했는데, 그 가운
데 3명이 죽고 나머지는 전원 반신불수가 됐다. 이때 하판락

하판락 /MBC 방송화면 캡처

이 한 소위 '착혈고문'은 상상을 초월하는 수준이었다.

하판락에게 고문당한 이광우 선생의 증언이다.

> "이미경의 혈관에 주사기를 삽입했다. 그리곤 혈관을 통
> 해 주사기 하나 가득 피를 뽑아낸 하판락은 다시 그 피를
> 고문 피해자인 이미경을 향해 뿌렸다. 증언을 거부하면
> 또 주사기로 착혈한 후 고문 피해자의 몸이나 벽에 피를
> 뿌리는 행위를 반복했다. (…중략…) 고문을 당하는 것보
> 다 더 끔찍한 일은 내가 고문당할 순서를 기다리는 것과
> 또 하나는 다른 이가 고문당하는 것을 지켜보는 것"이었
> 다."

-오마이뉴스 2013년 3월 1일 자. 최후의 친일파, '고문귀신' 하판락을 아십니까?

....

하판락은 해방 이후에 미 군정 경남도 제7경찰청 회계실 주임으로 있으면서 일본인 적산_{일본이 남겨 놓고 간 주인 없는 재산}처리를 맡았다. 이 과정에서 엄청난 재산을 모았다. 1949년 1월 반민특위에 체포될 때 당시 부산시민들은 "당장 여기서 우리가 하판락을 처리할(죽일) 테니 맡겨 달라"고 애원했다고 할 정도로 원성이 높았다.

노덕술, 하판락이 고문으로 이름을 날렸다면 독립운동가를 숱하게 체포한 김덕기는 거물 친일 경찰로 이름을 날렸다.

김덕기는 1890년에 태어나 1913년에 순사보로 일제 경찰 생활을 시작했다. 해방 후 발간된 〈반민자 죄상기〉에 따르면 그가 체포하고 송치한 독립운동가·항일 인사가 무려 1000명에 달하고, 그 가운데 10%가 사형을 언도 받았으며, 10%가 무기징역, 10%가 10년 이상 형을 받았다고 한다. 김덕기에게 붙잡힌 사람 가운데 대중들이 알고 있는 유명한 사람으로 도산 안창호, 조봉암, 박헌영, 오동진 등이 있으며, 창의단 단장 편강렬, 낭림단 단장 장창헌, 만주 무장독립운동단체 정의부

이진무. 김형출 등이 있다. 김덕기로 인해 독립운동은 엄청난 타격을 입었다.

이 외에도 독립운동가들을 잡기 위해 백두산을 뒤지고 경기도 경찰서 형사과장을 지낸 최린, 하도 고문을 잘해 '출장고문'을 다닌 노주봉 등 일제시대는 그야말로 친일 악질 경찰들이 활개를 치고 다닌 시대였다.

조작의 달인 '노덕술'

이렇듯 노덕술 외에도 만만찮은 이들이 적지 않다. 그럼에도 노덕술이 '친일 경찰의 대명사'로 인식된 것은 바로 해방 이후 화려한 그의 행적 때문이다.

1945년 8월 15일 일제 패망 직후 노덕술은 평양경찰서장으로 잠시 있다가 소련군이 진주하자 친일 인사로 지목돼 구금당하게 된다. 얼마 후 노덕술은 구금에서 벗어나 남한으로 내려왔다.

1945년 말 당시 경찰 내부에서는 치열한 논쟁이 벌어지고 있었다. 수도경찰청장이었던 장택상과 경무부장^{경찰청장 격} 조병옥은 친일 경찰을 재등용하자는 입장을 펴고 있었다. 반면 경무부 수사국장 최능진은 이를 반대하고 나섰다. 그러나 최종

장택상

적으로 친일 경찰 재등용이 결정되고 노덕술은 요직인 수도경
찰청 수사과장에 임명됐다. 당시 수도경찰청 간부들은 이주호
통신과장을 제외하고는 모두 일제 경찰 출신이었고, 전국적으
로도 경위 이상 1157명 가운데 946명(81.8%)이 일제 경찰 출
신이었다.

　특히 장택상은 노덕술을 등용하면서 '화룡점정의 격'이라고
큰 기대감을 나타냈다. 노덕술은 1946년 4월 6일 우익 거물
인사인 송진우 암살범들을 검거함으로써 경찰 수뇌부에게 인
정을 받았다. 자신의 지위가 확실하다는 것을 확인한 그는 다
시금 고문을 일삼기 시작했다.

　1946년 5월 15일 조선공산당 정판사 사건이 일어났다. 조선

공산당 인사들이 정판사라는 인쇄소에서 위조지폐를 찍어내 유통시켰다는 것이다. 당시 조선공산당 재정부장 이관술이 노덕술에게 체포돼 고문을 받았다. 사실 이관술은 노덕술과는 구면이다. 이관술은 노덕술과 같은 울산 출신으로 노덕술보다 3살 아래다. 이관술은 일본 유학을 갔다 온 엘리트로 조선공산당에서 항일운동을 했다. 이관술은 1940년 초반에 노덕술에게 여러 번 고문을 당했다. 이병주가 쓴 〈남로당〉에는 이관술과 노덕술에 대해 다음과 같이 기록돼 있다.

"이관술은 몇 번 체포되고 어떤 혹독한 고문을 받아도 전향하지 않았다. 일제시대 고문왕으로 알려진 노덕술이란 경찰관이 있었는데 그의 손에 걸리기만 하면 어떤 애국지사도 배겨내지 못했다. 그런데 이관술은 노덕술의 손에 세 번 걸렸는데도 전향을 하지 않았다. 따라서 항일운동을 하다가 왜경에게 잡혀 그들의 고문을 못 이겨 전향한 사람들에게 이관술은 눈부신 존재였다."

-〈경상일보〉 2014년 11월 16일 자 '인물로 읽는 울산유사 (128) 일제강점기 항일운동을 펼쳤던 이관술과 그를 고문했던 노덕술'

노덕술은 이번에는 이관술을 고문해 자백을 받아냈다. 그러나 이관술은 재판에서 고문 때문에 허위 진술을 했다고 밝혔다. 이들의 자백 이외 유일한 증거는 1만 원 위조지폐 2장에 불과했으며, 조선노동당이 재정적으로 어려움을 겪었다는 증거도 없었다. 그렇지만 재판부는 이관술에게 종신형을 선고했고, 이관술은 한국전쟁 직후 처형됐다. 이 정판사 사건으로 조선공산당이 불법화됐고, 좌익세력을 탄압할 근거가 생겼다. 노덕술은 우익 진영에 큰 공을 세운 셈이다.

노덕술과 이관술의 악연은 여기서 끝나지 않는다. 2014년 울산광역시에서 〈울산의 인물〉이라는 책자를 만들었다. 울산을 빛낸 인물 587명이 선정됐는데, 여기에 노덕술과 이관술이 나란히 이름을 올렸다. 그러나 노덕술의 친일 문제가 불거지면서 논란이 일어났다. 최종적으로 울산발전연구원 울산학연구센터는 노덕술은 친일을 이유로, 이관술은 공산주의 활동을 했다는 이유로 두 사람을 〈울산의 인물〉에서 제외했다. 두 사람의 악연은 죽은 후에도 이어진 셈이다.

해방 이후 승승장구하던 노덕술이 암초를 만난 것이 바로 처음에 언급했던 박성근 고문치사 사건이다. 노덕술은 경무부^{경찰청}에 체포됐다. 당시 수도경찰청장 장택상은 노덕술 체포에 반대했으나 막지 못했다. 장택상은 1948년 7월 24일 수도경찰청 부청장 김태일을 경무부로 보내 '문의할 것이 있으니 노덕술을 잠시 풀어 달라'고 했다. 그 길로 김태일은 노덕술을 데리고 어디론가 은신해 버렸다.

노덕술이 은신 중이던 1948년 10월, 또다시 위기가 닥쳐온다. 바로 반민특위^{반민족행위특별조사위원회}가 출범한 것이다. 반민특위가 악질 고문귀신인 노덕술을 가만둘 리 없었다.

반민특위가 출범하자 노덕술은 1948년 10월 우익 테러리스트인 백민태를 찾는다. 백민태는 만주에서 항일운동을 하다 해방 후 우익에 몸담은 인물이다. 여운형 집에 폭탄을 설치해 암살을 기도하기도 했으며, 중국인 상인인 이옥청을 납치하기도 했다. 노덕술은 백민태에게 '백 동지는 나와 우리 경찰을 위해 전적으로 협력할 용기가 있는가?'라며 접근했다. 노덕술은 백민태에게 수도경찰청 수사과장 최난수와 수도경찰청 사찰과 차석 홍택희를 소개해 준 다음 당시 수도경찰청 중부경찰서장이었던 박경림을 통해 매일 집결지를 알려주었다. 노덕술은 백민태와 함께 매일같이 만나며 치밀하게 반민특위를 무력화할 방법을 고민했다.

노덕술-백민태 일당이 구상한 내용은 그야말로 어마어마하다. 반민특위 위원, 국회의원, 반민특위 특별검찰관, 반민특위 특별재판관 등 15명을 암살하고, 상황을 고려해서 검찰총장 권승렬도 제거하기로 했다. 이 음모의 재정은 친일 재벌인 박흥식, 언론 분야는 친일 경찰 출신이면서 극우 신문 〈대동신

반민특위 조사부 책임자 회의 후 기념촬영 /민주화운동기념사업회 오픈아카이브즈

반민특위요원 암살음모사건 공판이 열렸던 4호 법정 /민주화운동기념사업회 오픈아카이브즈

문)의 사장인 이종형, 경찰 분야는 노덕술이 담당하기로 했다.

이들의 계획은 다음과 같다. 우선 암살 대상자들을 돈이나 기타 방법으로 유혹해 38선 인근까지 데리고 간 다음 사살하고, 경찰에서는 '이들은 원래 공산당의 프락치였는데, 월북하려는 것을 경찰이 저지하려 하니 완강히 저항하다가 경찰의 총에 숨지게 됐다'는 식으로 발표하면서 사건을 무마하자는 것이다. 사건의 실행자인 백민태에게는 권총과 수류탄 5발, 자금 17만 원이 지원됐다. 이 엄청난 음모는 1949년 1월 24일 노덕술이 반민특위에 체포된 후 1월 26일 백민태가 자수하면서 드러났다.

"그대 같은 애국자가 있어 내가 발 뻗고 잔다"

노덕술은 반민특위 특경대의 끈질긴 추격 끝에 체포됐다. 노덕술은 체포 당시 경찰에서 지급한 것으로 추정되는 지프차가 한 대 있었고, 호위 경찰관 4명이 그를 따라다녔다고 한다. 여기다 권총 6자루에 현금 30만 원까지 갖고 있었다. 그가 이승만 정권과 친일 경찰들에게는 얼마나 중요한 인물이었는지 알 수 있는 대목이다.

노덕술 체포와 백민태의 자수로 노덕술은 화제의 인물이 됐

반민특위에 체포되는 노덕술(왼쪽)
오른쪽은 김연수(김성수 동아일보 사주의 동생) /MBC 방송화면 캡처

다. 반면 이승만은 노덕술 체포에 크게 놀랐다. 이승만은 대
통령이 되기 전 자택인 이화장에 불러 '그대 같은 애국자가 있
어 내가 발 뻗고 잘 수 있다'고 격려할 정도로 노덕술을 아꼈
다. 노덕술의 체포 소식을 들은 이승만은 국무회의를 열고 '노
덕술을 체포한 반민특위 특경대를 체포하라'고 지시를 내리고,
반민특위에 공식적으로 석방을 요구했다. 또 한편 '정부가 보
증을 서서라도 석방할 수 있는 방법을 알아봐라'고 지시했다.

비록 반민특위 암살 음모는 노덕술의 체포로 실패로 돌아
갔지만, 노덕술이 기획한 음모는 유사한 방식으로 재현된다.
1949년 4월, 이승만 정권은 진보 성향 국회의원인 김약수, 노
일환, 이문원 등이 남로당 공작원과 접촉해 정국을 혼란시키
려 했다는 이유로 체포했다. '국회 프락치 사건'으로 불리는 이

사건으로 반민특위는 큰 타격을 받았으며, 1949년 6월 6일 경찰의 반민특위 습격으로 사실상 유명무실해졌다. 노덕술은 1949년 7월 병보석으로 풀려났다. 이어 박성근 고문치사 사건, 반민특위 암살 음모 등에 대해서 재판을 받았으나 무죄를 선고받았다. 당시 초대 내무부 장관이었던 윤치영은 노덕술과 막역한 관계로 그를 비호해 주었다고 전해진다.

1950년 그는 군으로 자리를 옮겨 중령이 됐고 육군 제1사단 헌병대장을 지냈다. 그가 헌병대장으로 있던 1952년 부산 정치파동이 일어났다. 1950년 5월 30일, 제2대 국회의원 선거에서 민족주의 계열과 반이승만 인사가 대거 당선됐다. 정권 연장에 위기감을 느낀 이승만은 1952년 헌병대와 특무대를 앞세워 국회의원이 탄 버스를 통째로 납치해 헌병사령부로 끌고 갔다. 부산 정치파동의 주도자는 이승만이고, 실행자는 김창룡(특무대장), 원용덕(헌병사령관 겸 경남지구 계엄사령관), 노덕술(경남지구 계엄사령부 치안처장)이었다. 이렇게 국회의원들을 협박하면서 개헌을 강행했고, 이승만은 정권 연장에 성공하게 된다.

노덕술은 이승만의 절대적인 신임을 받고 있었다. 당시 이승만 정권 내 노덕술의 위치를 보여주는 문건이 있다. 1951년 5월 5일 무초^{John J. Muccio} 주한 미 대사가 이승만에게 전달한 서한에 따르면 다음과 같은 내용이 있다.

"(한미 양국)신뢰의 결여는 공식적 한국 연락망이나 유엔 연락망을 통해 이용될 수 있는 정보보다 청년모임, 타이거 김(김종원), 몬태나 장(장석윤), 노덕술과 같은 준군사적 조직에 의해 얻어지는 소위 정보 보고서에 무게를 주는 것에서 반영됩니다."

즉 노덕술 등이 올리는 보고서만 믿고, 미국이 제공하는 정보를 믿지 않음으로써 한미 동맹이 흔들리고 있다는 지적이다.

이승만의 최측근으로 언급될 정도로 노덕술은 당시 무서울 게 없었다. 그러나 1955년 11월 돌연 재판에 회부된다. 당시 보도 기사에 따르면 다음과 같다.

동아일보 1955년 11월 12일 자 노덕술 수뢰 기사 /네이버뉴스라이브러리

"노 중령은 1954년 5월 중순경 부산 제2범죄수사대장으로 재임 시에 민간인 오두수로부터 미군 통역과 결탁해 미군 55보급소에서 일본으로 운반키로 한 시가 약 4억 6천만 환 상당의 미군수물자(주로 피복)를 예인선으로 끌어다가 부산시 주둔 병기단의 부두에서 인수하고 매도하고자 하니, 병기단의 부두사용과 물자의 시내운반 및 입고를 주선해 주면 (노덕술에게) 육백만 환을 제공하겠다는 제의에 응하여 (노덕술이)수사를 가장한 교묘한 수법으로 이를 운반해주었다는 것이다."
-〈동아일보〉 1955년 11월 12일 자

노덕술은 이 돈으로 선거운동을 하려고 했었다고 한다. 일각에서는 이 사건을 노덕술과 이승만의 '양자'인 김창룡 사이에서 일어난 권력투쟁에서 노덕술이 밀려난 것이라 추정하고 있다.

어쨌든 권력에서 밀려난 노덕술은 고향인 울산으로 내려왔다. 그리고 고향에서 1960년 4·19혁명 이후 치러진 제5대 국회 민의원 선거에 출마했으나 8명의 후보 중 6위에 머물렀다.

낙선 직후인 1960년 가을, 노덕술은 뜻밖의 인물에게 그 모습을 드러낸다. 장면 총리의 비서관인 선우종원, 그는 보도연맹을 만든 우익 검사였다. 1951년 장면 부통령의 비서실장을 지내던 중 노덕술 등이 조작한 국제공산당 사건으로 우익임에도 좌익으로 몰려 1952년 일본으로 망명했다. 4·19혁명 이후 장면 총리가 정권을 잡고 난 후 귀국했다. 도대체 노덕술은 선우종원에게 무엇을 하려 나타난 것일까?

노덕술은 8년 전 국제공산당 사건 문서를 꺼내면서 선우종원에게 다음과 같이 말했다고 한다.

"홍택희라고 하는 사람이 이렇게 나쁜 짓을 (조작) 했소. 그러니까 그 사람을 잡아 없애는 것이 선우 선생이 제일 먼저 해야 할 일이오."

홍택희는 노덕술과 함께 반민특위 암살 음모를 꾸민 사람이다. 노덕술은 국제공산당 관련 조작을 홍택희가 한 것으로 꾸미고, 홍택희 때문에 선우종원이 망명 생활을 한 것처럼 인식시키려 했다. 즉 선우종원의 '원수'인 홍택희를 제거하는 데 노덕술 자신이 도와주겠다는 것이다. 선우종원이 향후 장면 정부의 실세가 될 것을 계산하고 접근한 것이다.

하지만 선우종원은 국제공산당 관련 조작은 노덕술이 했다는 것을 이미 짐작하고 있었고, 노덕술이 교활하다는 것을 알고 있었기 때문에 노덕술의 말에 넘어가지 않았다. 선우종원

은 노덕술에게 "내가 이렇게 돌아온 것만 해도 천우신조인데,

은 노덕술에게 "내가 이렇게 돌아온 것만 해도 천우신조인데, 누굴 죽이고 어쩌고 한단 말이냐. 이것도 하나의 인연이니까 그러지 말고 홍택희 씨를 만나면 손잡고 같이 일하자고 해라" 고 했다.

노덕술의 마지막 '카드'는 이렇게 실패하고 만다. 노덕술은 1968년 4월 1일 69세의 나이로 사망한다. 특이하게도 노덕술이 죽기 직전까지 살던 궁정동 집터는 지금 청와대 앞 무궁화 동산 자리다. 나중에 대통령 안가가 들어서 1979년 10월 26일 박정희가 김재규에게 죽는 곳이기도 하다.

의열단을 만들고 항일독립운동을 치열하게 벌였던 약산 김원봉. 그는 1947년 2월 노덕술에게 체포돼 갖은 고문을 당하고 뺨을 맞는 등 수모를 겪었다. 의열단 동지였던 유석현 선생의 회고록에 따르면 김원봉은 원통해서 3일간 울었다고 한다. 꿈에도 그리던 해방 조국이 왔건만 일제시대와 다를 바 없는, 친일 경찰들이 반공투사로 둔갑해 독립운동가들을 빨갱이로 몰아 잡아들이는 모습에 절망했을 것이다.

노덕술은 일제시대 고문과 공작 기술이 군사독재정권으로 이어지게 하는 중요한 인물이었고 박처원, 이근안 등 현대사를 떠들썩하게 한 고문 기술자들의 대선배이기도 하다. 따라서 그가 단죄 받지 않고 출세를 거듭하면서 우리 현대사는 뒷걸음치고 말았다.

노덕술 연표

- 1899년 6월 1일 울산 장생포에서 출생
- 1918년 경상남도 보안과 순사
- 1921년 경상남도 울산경찰서 순사부장
- 1924년 12월 11일 조선총독부 도경부보 시험 합격
- 1926~1927년 12월 16일 경상남도 거창경찰서 경부보
- 1927년 12월 17일~1931년 경상남도 동래경찰서 근무(사법계 주임), 이때 많은 항일 인사와 학생들을 잡아들이고 고문함
- 1932년 경상남도 통영경찰서 근무(사법계 주임이면서 고등계 업무도 함)
- 1933~1934년 2월 14일 경기도 인천경찰서 경부
- 1934년 2월 15일~1938년 11월 8일 경기도 양주경찰서 사법계 주임
- 1938년 11월 9일~1940년 경기도 개성경찰서 사법계 주임
- 1940년 4월 29일 중일전쟁 적극 협력 공로를 인정받아 공로상 받음
- 1941년 경성서울 종로경찰서 경부
- 1941년 3월 11일 일본 정부로부터 훈8등 수훈
- 1943년 9월 30일 경시로 승진, 평안남도 경찰부 보안과장
- 1945년 8월 15일 일시적으로 평안남도 평양경찰서장, 이후 월남
- 1946년 1월 경기도 경찰부 수사과장에 재임용
- 1946년 9월 제1경무총감부 관방장 겸 수도경찰청 수사과장
- 1948년 1월 27일 박성근 고문 치사, 7월 박성근 시신이 떠오르면서 도주, 경찰 경력 마감

- 1948년 10월 반민특위 암살 음모 기획
- 1949년 1월 24일 반민특위에 체포
- 1949년 7월 반민특위에서 병보석으로 풀려남
- 1950년 군으로 옮김, 육군본부 제1사단 헌병대장^{중령}
- 1952년 경남계엄사령부 치안처장
- 1954년 부산 제2육군범죄수사단^{CID} 대장
- 1955년 서울 제15육군범죄수사단 대장
- 1955년 11월 수뢰 혐의로 파면
- 1960년 7월 제5대 국회 민의원 선거 울산 선거구 출마, 낙선(4.24% 득표, 6위)
- 1968년 4월 1일 서울에서 사망

참고자료

[도서]

저자 미상, <민족정기의 심판>, 혁신출판사, 1949

김영진, <반민자 대공판기>, 한풍출판사, 1949

고원섭, <반민자 죄상기>, 백엽문화사, 1949

친일반민족진상규명위원회, <친일반민족행위진상규명보고서>, 2009

박원순, <야만시대의 기록>, 역사비평사, 2006

정운현, <친일파는 살아있다>, 책보세, 2011

정길화 외 5인, <우리들의 현대침묵사>, 해냄, 2012

반민족문제연구소, <친일파 99인>, 돌베개, 1993

[논문]

송선애, 「해방 후 친일경찰관료 노덕술의 등용 및 활동」, 2010

[방송]

MBC, <이제는 말할 수 있다> '53년만의 증언, 친일경찰 노덕술 편', 2002

여섯 번째

음모와 공작의 달인
김창룡

김창룡의 죽음

1956년 1월 30일 오전 7시 30분. 육군 특무부대장 김창룡 소장은 그날도 원면^{군복에 들어가는 원자재} 비리 문건을 손에 들고 출근하고 있었다. 그 문건에는 당시 최고위 군 간부의 이름이 적혀 있었다. 집에서 100미터 정도 떨어진 용산구 용호로 1가 51번지 미원미장원 앞. 그곳에 차량 번호판·부대 표지가 없는 지프차가 가로로 길을 막고 있었다.

당시 현장 재연 모습
왼쪽 지프차가 김창룡이 탄 차량
오른쪽 지프차가 범인들이 길을 막은 모습 /국가기록원

김창룡 빈소 /국가기록원

김창룡을 태운 지프차는 좁은 길에 멈춰 설 수밖에 없었다. 경적을 울렸지만 길을 막은 지프차는 요지부동이었다. 순간 2명의 괴한이 김창룡 지프차 문을 열고 권총 6발을 발사했다. 김창룡은 몸을 날려 현장에서 피하려 했지만 몸에 여러 발의 총알을 맞고 쓰러졌다.

사건 직후 김창룡은 서대문적십자병원으로 이송됐지만 10분 만에 사망했다. 이승만 대통령의 오른팔, '이승만의 양자'로 불린 김창룡은 불과 39세의 나이로 죽었다.

도대체 불과 마흔도 안 된 사람이 왜 이런 모습으로 죽어야 했을까? 그리고 그를 죽인 이들은 누구인가?

일제도 놀란 '실력'

김창룡은 1916년 7월 18일 함경남도 영흥군 요덕면 일산리에서 태어났다. 그의 집은 그리 풍족하지 않았다. 10살이 되던 해 덕성사립보통학교^{초등학교}에 입학했다. 이후 영흥공립농잠실습학교에서 누에를 키우고 실을 뽑는 기술을 배우고 일본인이 운영하는 직물회사에 취직했다. 그러나 2년 만에 회사를 나와서 만주철도 신경^{장춘}역 직원으로 자리를 옮겼다. 다시 2년 만에 철도 직원을 그만두고 일본인의 추천을 받아 만주 주둔 일본 헌병부대 군속^{잡무를 처리하는 직원}으로 일하게 된다. 3년 동안 군속으로 온갖 노력을 기울인 끝에 1941년 4월 일본 관동군 소속 헌병교습소에 입소해 수료한 후 그해 10월 헌병 보조원이 됐다.

그는 소련과 만주국 국경지역에서 항일인사를 감시하는 일을 맡았다. 사복을 입고 주요 인물들을 탐색하고 접근하는 것이 주로 그가 한 일이었다. 당시 그는 자신의 임무 수행을 위해 최선을 다했는데, 예를 들면 중국 공산당의 거물 왕진리^{왕근례·王近禮}를 체포할 때 그는 중국인 거지로 가장해 왕진리의 가게 종업원으로 일하게 된다. 그는 왕진리의 신임을 사기 위해 경찰서 유치장을 7번이나 드나들었다. 덕분에 왕진리와 주변 중국인들조차 그를 '진짜 중국 사람'으로 인식했다. 일제는 그의 활약으로 왕진리를 검거했을 뿐만 아니라 왕진리와 관련된 9개 항일 지하조직을 색출하고 50여 명을 체포했다. 이때가 1943년이었다. 그의 활약에 탄복한 일제는 바로 헌병 오장^{하사}으로 특진시켰다.

그는 1943년 9월부터 1945년 8월 15일 일제 패망까지 불과 2년 사이에 무려 50여 개의 항일조직을 적발했다. 그야말로 눈부신 활약이었다. 1945년 일제가 패망하자 사복으로 갈아입고 바로 고향인 영흥으로 돌아왔다. 영흥에서 소련군에게 친일부역 혐의로 체포당해 사형선고를 받았으나 탈출했고, 이후 다른 지역을 전전하다 다시 친일 혐의로 체포돼 사형선고를 받았으나 거듭 탈출에 성공했다고 한다.

두 차례 친일파로 체포됐기에 그는 도저히 북한에서는 살수 없다는 것을 알았다. 그는 38선을 넘어 서울로 왔다. 서울에서 마땅한 일을 찾지 못해 전전하던 중 마침 만주 일본군에서 안면이 있던 박기병을 만나게 된다. 박기병은 당시 3연대에서 소대장을 맡고 있었다. 박기병은 그를 국방경비대 5연대 일반 사병으로 입대시켜주었다. 그러나 그는 사병 생활에 적응하지 못했다. 다시 박기병을 찾아간 그는 3연대에서 정보하사관으로 복무했다. 그러던 중 만주군 대위 출신인 김백일의 추천으로 1947년 1월 조선경비사관학교^{육군사관학교 전신} 3기로 입교해 그해 4월 소위로 임관했다.

김창룡 /한국학중앙연구원

숙청당하는 군인들 /월간 <말>

　그는 소위가 된 후 자신의 '전공'을 살려 일제 경찰과 헌병 출신들을 모아 정보소대를 편성하고 좌익 색출 작업을 담당했다. 이후 분단과 반공이데올로기가 맹위를 떨치면서 그에게도 출세의 길이 열리기 시작했다.

빨갱이 때려잡는 데 귀신

1947년 5월, 서울에 소련군이 주둔하고 있었다. 미소공동위원회가 서울에서 열리고 있었고 소련 측 인사를 경호하기 위해 소련군이 주둔하고 있었던 것이다. 그때 한 소련 군인이 사진을 찍는 모습을 김창룡이 발견했다. 김창룡은 격투 끝에 소련 군인을 제압하고 필름을 압수했다. 미소공동위원회에 이 사실이 알려지면서 소련은 난처해졌다. 미국은 소련 측에 '정탐을 하러 왔느냐'고 따졌고, 김창룡의 이 행동은 군 수뇌부의 주목을 받았다.

1948년 1월 중위로 진급하고 8월 정부 수립과 더불어 대위로 승진했다. 8월 말 육군본부 정보국에 배속됐다. 그러던 중 1948년 10월 여순사건이 일어났다. 여순사건 직후 이승만은 대대적인 숙군을 지시했다.

숙군이란 군대 내 반체제 인사를 숙청한다는 뜻이다. 1946년 국군이 만들어지는 과정에서 사실 군대의 '진입 장벽'이 낮았다. 영어 한 마디만 할 줄 알면 장교가 될 수 있었고, 추천서 한 장이면 요직에도 손쉽게 들어갈 수 있었다. 당장 군대를 육성하는 것이 시급했기 때문이다. 일본군 출신들도 쉽게 군에 들어갈 수 있었고, 마찬가지로 좌익계열들도 어렵지 않게 군에 들어갈 수 있었다.

1948년 10월, 여순사건으로 14연대가 통째로 반란을 일으키자 이승만은 군법무관 김완용에게 "한 달 내로 빨갱이들을 다 잡아 죽이고 오라"고 지시를 내렸다.

이때 김창룡이 실무자로 있던 육군 정보국 3과^{방첩과}가 나섰다. 1948년 11월 11일 김창룡과 정보 요원들은 박정희 소령을 체포하고 심문했다. 박정희가 체포됨으로써 군대 내 세력을 확장하던 남로당 조직들이 드러나기 시작했다. 1949년 3월까지 방첩과는 불과 4개월 동안 1500명에 달하는 이를 숙청했다. 당시 군 병력의 3%에 해당하는 엄청난 인원이었다.

그러나 짧은 시간 안에 실적 쌓기식 숙청이 됐기 때문에 문제가 많았다. 대부분의 경우 증거보다 자백을 받아내는 식으로 심문을 했고 고문이 혹독하게 가해졌다. 자백을 한 뒤에는 연루된 좌익 인물을 대라고 또다시 고문이 이어졌다. 이 같은 방식으로 애매하게 숙청되는 인물이 많았다.

대표적인 예로 최남근 중령에게는 남한 정부를 전복할 목적으로 동지들을 규합했다는 죄명이 씌워졌다. 최남근은 처형당할 때 애국가를 부르고 '대한민국 만세!'를 외쳤다. 자신이 억울하다는 것을 마지막까지 항변한 것이다. 당시 숙군 작업으로 처형된 사람 가운데서는 이처럼 애국가를 부르거나 대한민국 만세를 외치거나 심지어 '이승만 대통령 만세'를 외치면서 죽어간 사람도 있었다.

당시 부역자 체포 장면

이후에도 숙군은 이어져 1949년 7월까지 4749명이 처벌받았다. 숙군 과정에서 짧은 시간 안에 뛰어난 실적을 올린 김창룡은 1949년 초 소령으로 승진하고, 6월 육군 방첩대^{CIC} 대장으로 임명된 데 이어, 7월에는 중령으로 승진했다. 불과 2년 3개월 만에 소위에서 중령까지 올라간 것이다.

1950년 9월 28일, 이승만은 북한군에 점령당했던 서울을 수복하자마자 김창룡을 군·검·경합동수사본부 본부장으로 임명했다. 합동수사본부는 북한군이 수도권 지역을 점령하고 있을 당시 북한군에 협조한 '부역자'를 찾아내고 처벌하는 무시무시한 권한을 가졌다. 그뿐 아니라 합동수사본부장은 대통령에게 직접 보고했다. 정치적으로도 성장할 수 있는 기반이 마련된 것이다.

1950년 10월 초부터 1951년 5월까지 김창룡은 숙군 때와 마찬가지로 그야말로 엄청난 속도로 부역자를 처벌하기 시작했다. 당시 내무부 치안국 자료에 따르면 1950년 말까지 검거된 인원만 15만 3825명, 자수한 인원 39만 7090명으로 총 55만 915명이 부역 혐의를 받았다고 한다. 이 가운데 서울지역에서만 1298명이 처형됐다. 그러나 진정으로 북한에 협조한 사람들은 이미 북한군과 함께 북으로 올라가고 없었다.

이에 따라 실적을 중시한 김창룡의 부역자 처벌은 여론과 정치권의 거센 비판을 받았다. 특히 합동수사본부는 어느 법에도 설치 근거가 없었다. 결국 합동수사본부는 1951년 5월 23일 해체됐지만, 김창룡은 이 시기 이승만에게 절대적인 신뢰를 얻게 됐다. 김창룡은 1950년 10월 말에 대령으로 다시 승진했으며, 1951년 5월 15일 육군 특무부대장으로 임명됐다. 당시 그의 나이 불과 35세였다. 육군 특무부대는 지금의 기무사령부 전신으로 역대 정권에서 막강한 권한을 누려왔다.

김창룡은 빨갱이만 때려잡은 것이 아니었다. 1949년 6월 26일, 백범 김구 사무실인 경교장에서 여러 발의 총성이 울렸다. 안두희가 백범 김구를 살해한 것이다. 안두희는 김구를 살해한 직후 경교장 주위에 있던 헌병들에게 체포됐다. 체포된 안두희가 끌려간 곳이 김창룡 앞이었다. 김창룡은 안두희에게 "안 의사, 수고하셨소"라고 했다.

김창룡은 이후 안두희를 끊임없이 챙겼다. 감옥에 있을 때 좋은 음식을 대접했고, 책 쓰는 것을 도와줬다. 한국전쟁이 발발하자 김창룡은 안두희를 형무소에서 빼내 주었다. 안두희가 소위로 다시 임관할 때부터 대령으로 제대할 때까지 김창룡은 살뜰하게 챙겨주었다. 안두희는 1992년 4월, 김창룡이 김구 살해를 지시했다고 밝혔다. 그러나 지금까지도 김구 암살의 배후가 누구인지는 논란이 이어지고 있다.

빨갱이가 없으면 만들어라

이렇듯 엄청난 출세와 함께 이승만의 신임을 얻었지만 문제가 있었다. 숙군과 학살, 부역자 처벌로 대부분의 좌익들을 소탕했을 뿐 아니라, 남아 있던 좌익들도 북한으로 넘어가버려 이제 남한 내 좌익들은 거의 자취를 감추게 됐다. '빨갱이를 때려잡을' 기회가 줄어든 것이다. 그는 이 상황에서 기발한 돌파구를 마련한다. 이를테면 '빨갱이가 없으면, 빨갱이를 만들면 된다'는 것이다.

1951년 한 무리의 청년들이 상복을 입은 채 관을 메고 지리산으로 향하고 있었다. 당시 특무부대장 김창룡은 이들이 관 속에 총기를 숨겨 놓고 지리산 빨치산에게 가는 것을 붙잡았다고 이승만에게 보고했다. 기분이 좋아진 이승만은 국무회의에서 "여러분들, 김창룡 대령을 자식처럼 사랑해 주세요"라고 공개적으로 칭찬했다.

그런 뒤 이승만은 국무회의장으로 김창룡을 불러들인 뒤 노획한 총기를 전시하도록 했다. 당시 국무회의에 참석했던 공안검사 출신 선우종원은 훗날 이렇게 증언한다.

> "빨갱이한테서 압수했다는 무기라는데 개머리판도 없고 낡아 저게 살상용으로 제대로 쓰일 수 있을까 하는 의문이 들 정도였다. 그러나 그런 물건을 보는 이 박사의 입가에는 흐뭇한 웃음이 배어 있는 것을 어쩌랴."
> -선우종원 회고록, 〈격랑 80년〉

선우종원의 증언대로 이는 이승만의 신임을 얻기 위한 김창룡의 조작이었다. 그러나 이는 김창룡이 벌인 숱한 조작 사건 중 아주 사소한 것에 불과하다.

최초의 '빨갱이 만들기 작전'은 1950년 10월 그가 군·검·경합동수사본부장으로 취임한 직후 일어났다. 인민군 패잔병

이승만(왼쪽)으로부터 훈장을 받는 김창룡 /전쟁기념관

원용덕 /한국어 위키 백과

으로부터 빼앗은 무기를 삼각산 뒤편에 있던 주민들에게 쥐여주고 이들을 공산분자로 몰았고, 이들이 서울을 습격하려 한다고 꾸며 모두 죽인 사건이다. 이것을 소위 '삼각산 사건'이라 한다.

1952년 5월 24일 무장 북한군으로 보이는 일당이 임시수도 부산 금정산에 나타나 총격을 가하는 충격적인 사건이 발생했다. 어떻게 국군과 미군 병력이 밀집해 있는 임시수도 부산에 북한군이 나타난 것일까?

당시 김창룡은 대구형무소에 있는 무기수, 중형수들을 상대로 '큰일을 치르고 나면 석방해 주겠다'고 제안했다. 김창룡은 이 제안에 따른 형무소 재소자 7명을 북한군으로 꾸민 다음 부산 금정산에서 총격을 하도록 한 것이다. 물론 이들 7명은 순식간에 사살당했다. 김창룡 공작에 힘입어 이승만은 다음날 부산에 계엄령을 선포하고, 5월 26일 야당 국회의원들이 탄 버스를 통째로 납치하는 '부산정치파동'을 일으켰다. 이를 토대로 이승만은 재집권에 성공한다.

그런데 김창룡은 자신이 이 사건을 직접 마무리하고 싶었지만, 김창룡의 직속상관 육군 정보국장 김종평이 그가 부산으로 이동하는 것을 막았다. 결국 공은 원용덕 헌병사령관 등 다른 사람에게 돌아갔다. 공을 빼앗긴 김창룡은 김종평에 원한을 품고 있었고 이는 또 다른 조작사건으로 만들어진다.

1953년 김창룡은 '동해안 반란 사건'을 적발했다고 발표했다. 동해안 속초에 있는 1군단에 이승만이 방문하면, 이승만을 저격하고 김종평 육군 정보국장이 군 병력 1000명을 동원해 부산을 장악한 다음 정부 요인을 처단한 후 조봉암 국회부의장을 대통령으로 추대한다는 엄청난 내용이었다. 나중에 군법회의에서 여러 증인들이 김창룡의 조작임을 증언하면서 사건은 커지지 않았지만, 김종평은 징역 3년 형을 선고받았다.

김창룡이 사적인 감정으로 일으킨 조작 사건은 또 있다.

1946년 김창룡이 3연대에서 사병으로 근무하고 있을 때 소대
장이었던 김도영이라는 사람이 있었다. 김창룡이 야간 순찰
후 보고하라는 명령을 위반하자, 김도영 소대장은 김창룡을
때리고 꾸짖었다. 김창룡은 김도영에게 원한을 품었다. 3년 뒤
인 1949년 김창룡은 김도영이 적과 내통하고 제주도 좌익세력
과도 내통한다고 혐의를 뒤집어씌웠다. 김도영은 무려 6개월
간 구금당한 뒤 수사를 받다 간신히 풀려나왔다.

그걸로 끝이 아니었다. 1954년 김창룡은 김도영이 야당 국
회의원 신익희의 사주를 받아 논산훈련병들을 이끌고 쿠데타
를 음모한다는 혐의로 구속했다. 김도영은 4개월 뒤 풀려났지
만, 김창룡 때문에 번번이 승진의 기회에서 누락됐고, 변변찮
은 보직도 맡지 못했다.

김창룡이 만든 조작 사건 가운데 가장 '고급기술'을 쓴 것은
바로 1955년 '이승만 암살 음모 사건'이었다. 1955년 과거 독립
운동을 했던 나재하, 김병호, 민영수, 김재호, 김익중, 이범륜,
유성연, 김동혁, 김동훈에게 한 청년이 접근한다. 이종태라는
이 청년은 이승만을 비판하면서 노령의 독립운동가들에게 '이
대로는 안 된다. 도탄에 빠진 국민을 구하기 위해서는 이승만
을 제거해야 한다'고 목소리를 높였다. 독립운동가들은 '열혈
청년'의 등장에 반가움과 함께 과거 독립운동 시절이 생각났
을 것이다. 이들은 이종태에게 그해 10월 3일 개천절 행사 때

수류탄을 터뜨려 이승만을 죽여달라고 부탁했으며 수류탄 등을 지원했다.

하지만 이 음모는 거사 직전 특무대에 발각됐다. 독립운동가들이 체포돼 김창룡 방에서 얻어맞고 있을 때 이종태가 군복을 입고 태연히 나타났다. 김창룡이 판 함정에 걸린 것이다. 아마 김창룡과 이종태는 회심의 미소를 지었을 것이다. 이 일로 이범륜과 김동훈에게는 사형이 선고됐다.

이 외에도 여간첩 김수임 사건 등 숱한 사건이 그의 손에 의해 조작돼 많은 사람들이 형장의 이슬로 사라졌다.

권력욕이 부른 죽음

1953년 5월 김창룡은 육군 준장이 됐고, 1955년 1월 육군 소장으로 진급했다. 이 당시 김창룡을 사람들은 '이승만의 오른팔', '이승만의 양자'라고 불렀다. 이 시기가 되면 김창룡은 '빨갱이를 만들어내는' 단계를 넘어 권력투쟁에 직접 개입하게 된다.

가장 먼저 타깃이 된 이는 정국은이라는 사람이었다. 당시 가장 영향력이 강하던 연합신문과 동양통신 양사 편집국장을 겸임하고 있었다. 정국은은 이범석, 원용덕 등과 함께 이승만

처형 직전 담배 피는 정국은(가운데)

오제도

정권의 외곽 세력인 '족청^{조선민족청년단}' 출신이었다. 김창룡은 이 족청과 대립 관계에 있었다.

김창룡은 족청을 밀어내기 위해 1953년 8월 31일 정국은을 간첩 혐의로 체포했다. 정국은이 체포된 지 10일 만에 내각에서 족청 계열 장관 3명이 동시에 파면되고, 곧 자유당에서 족청 계열 거물급 인사 8명이 제명됐다. 김창룡 반대 세력이었던 족청은 순식간에 권력에서 이탈했다. 나중에 정국은은 사형에 처해지는데 당시 판사였던 태윤기 씨는 다음과 같이 증언하고 있다.

"간첩으로 몰아 죽게 했던 사건인 만큼 인간적으로 고민이 많았습니다. 죽일 필요까지는 없었는데, 당시 상부의 의견이 사형 쪽이었고, 언론의 대문짝만한 보도 때문에 여론도 비등해서 사형으로 결정됐지요."
-월간 〈말〉 1989년 9월호.

족청을 제거한 김창룡은 다음 타깃으로 반공 검사로 유명한 오제도를 삼았다. 오제도는 1950년 10월 김창룡이 군·검·경합동수사본부장으로 임명될 때 마지막까지 본부장 자리를 놓고 경쟁하던 인물이다. 오제도는 국가보안법의 기틀을 만들고, 진보당 사건으로 조봉암을 사형시키는 등 자타공인 우익 반공 검사였다. 김창룡은 이승만에게 '오제도가 빨갱이입니다'고 보고했다. 그러나 김창룡의 오제도 검사 제거 시도는 성공하지 못했다.

1955년 11월, 일제 경찰 출신으로 고문의 달인인 노덕술 헌병사령부 범죄수사단장^{중령}이 파면됐다. 노덕술 또한 김창룡과 마찬가지로 이승만에게 신임을 받고 있었지만, 군수물자를 빼돌린 정황이 포착됐고, 언론에 대문짝만하게 실리면서 파면되고 말았다. 이 사건도 김창룡이 잠재적 경쟁자가 될 수 있는 노덕술을 제거했다는 설이 우세하다.

박정희도 견제의 대상이었다. 1953년 박정희가 미국 유학을 떠나려 할 때 김창룡이 막았다. 당시 미국 유학을 다녀오면 그 이력이 쌓여 군대 내에서 상당한 영향력을 발휘할 수 있었다. 박정희가 남로당에 있을 때 그를 잡아내고 심문한 사람이 바로 김창룡이었다. 김창룡으로서는 박정희의 출세를 막아야만 했다.

이렇듯 김창룡이 막강한 권력을 휘두르자 육군참모총장인 정일권과 상관인 강문봉 중장조차 그를 감당하지 못했다. 훗날 강문봉은 법정에서 당시 김창룡에 대해 이렇게 증언하고 있다.

"김창룡은 직속상관인 참모총장이나 국방부장관을 무시하고 직접 대통령에게 보고하는 따위의 월권을 자행했다. 비위 사실의 보고 내용도 사적인 감정에서 나온 것이 많았다. 김창룡은 정보를 군사 목적으로서가 아니라 자신의 세력 확장에 이용했다. 그는 또 지휘관 사이를 이간시켜 장성들을 분열시켰다. 특무대는 본래의 사명을 망각하고 군 지휘관들을 감시하는 데 열중했다. 특무대는 군의 암적 존재다."

김창룡의 악행은 군을 넘어 체육계에도 영향을 미쳤다. 김창룡은 축구를 좋아했으며, 특무대 축구팀에 국가대표 출신을 넣는 등 최강의 팀으로 만들었다. 1953년 10월 특무대 축구팀은 조선방직 축구팀과 전국축구대회 준결승에서 맞붙었다. 전후반과 연장을 치렀지만 승부가 나지 않았다. 대회규정에 따라 추첨으로 조선방직 팀이 승리했다. 화가 난 김창룡은 "저놈들 다 집어넣어!"라고 소리쳤다. 특무대 요원들이 공포탄을 쏘며 경기장에 난입했고, 주심은 경기장 담벼락을 뛰어넘어 도망쳐 버렸다. 이성을 잃은 김창룡에게 경기를 관람하고 있던 올림픽 영웅 손기정 씨가 달려와 말렸다. 그러나 김창룡은 "이놈도 끌고 가!"라고 지시했다. 손기정 씨는 곤욕을 치른 끝에 며칠 뒤 주변의 도움으로 간신히 풀려났다. 결국 그해 전국축구대회는 우승팀이 없는 유일한 대회로 남았다. 다음해에도 김창룡의 횡포는 계속됐다. 당시 조명시설이 열악해 해가 지면 경기를 무승부로 마무리지었다. 이에 김창룡은 선수와 심판진을 경기장에 감금한 채 군용 지프차 20대를 동원해 지프차 조명으로 경기를 진행하도록 했다. 대회규칙도 심판도 김창룡 앞에서는 무용지물이었다.

1955년 10월 김창룡의 횡포를 더는 두고 볼 수 없었던 정일권 육군참모총장과 강문봉 중장은 이승만 대통령의 별장이 있는 진해에 직접 찾아갔다. 그들은 "김창룡을 다른 부대로 보내거나 차라리 미국 유학을 보내 달라"고 요청했다. 그러나 이승만은 이들의 요청을 거부한다.

이 소식을 들은 김창룡은 발 빠르게 대응했다. 김창룡은 때마침 터진 원면^{군복에 들어가는 원자재} 비리를 활용하려 했다. 당시 알려진 바에 따르면 원면을 받은 장성들이 이를 시장에 되팔아 10억 환 이상의 부당이익을 취해 자유당 고위층에 상납했다고 한다. 김창룡은 이를 가지고 자신을 탄핵한 정일권, 강문봉 등 군 장성을 제거하려고 시도했다. 이기붕조차 김창룡에게 '그만 들춰라'고 경고했지만 김창룡은 멈추지 않았다.

결국 1956년 1월 30일 김창룡은 암살된다. 김창룡은 자신의 권력을 확장하는 과정에서 숱한 정적을 만들었고, 자신을 죽음으로 이끌었다. 김창룡 암살범 4명(허태영 대령, 신초식,

김창룡 피살 사건 범인 이유회(왼쪽)와 허태영
/민주화운동기념사업회 디지털 아카이브즈

송용고, 이유회)은 모두 특무대 출신이었다. 자신의 옛 부하들에게 살해된 셈이다. 특히 이 가운데 주범인 허태영은 1950년 한국전쟁 때 김창룡이 CIC 대장을 맡고 있는 동안 CIC 마산 파견대를 이끌었다. 이후 특무대 대전파견대장을 지냈을 정도로 김창룡과는 잘 아는 사이였다.

허태영은 법정 진술에서 김창룡을 죽인 이유를 다음과 같이 설명했다.

"김창룡은 평소 개인의 영달을 위해 무분별하게 사람들을 잡아들였으니 공산당 1명에 무고한 양민 10명의 비율로 무고한 사람들이 그의 손에 희생되었다. 김창룡이 취급한 사건들도 전부가 협박 공갈로 자백을 받은 것으로 대부분 허위 날조됐거나 침소봉대된 것들이었다. 한편 뒤편에서는 살인, 약탈, 협박 등으로 군수품을 빼돌리고 밀수를 하는 식으로 수단과 방법을 다 동원해서 김창룡이 그간 모은 재산만 20억 환이다."

허태영은 이유회와 함께 1957년 9월 24일 대구 육군정보학교 야외훈련장에서 총살됐다. 총을 맞고 쓰러질 때까지 애국가를 불렀다고 한다.

한편 이승만은 김창룡의 죽음을 보고 받은 그날로 중장으로 추서했다. 사건 발생 4일 후인 1956년 2월 3일 국군 최초로 '국군장'이 열렸다. 그날 하루 육해공군 전 부대는 조기를 게양했고 장병들의 음주와 가무도 금지됐다. 김구가 죽었을 때 한 번도 조문하지 않았던 이승만은 김창룡 영전에 3번이나 조문하면서 진심으로 애통해했다. 이승만은 조사에서 "김 중장은 나라를 위해서 순국한 것이며 충령의 공을 세웠다"고 했다.

그의 비문은 친일 역사학자로 유명한 이병도가 직접 썼다. 이병도는 "그 사람됨이 총명하고 부지런하고 또 불타는 조국애와 책임감은 공사를 엄별하여 직무에 진수하더니 급기야 그 직무에 죽고 말았다"고 적었다.

김창룡은 젊은 나이에 죽었지만, 그가 남긴 그림자는 짙고 깊었다. 특무대는 육군방첩대, 보안사령부로 이름만 바꿔가며 막강한 힘을 휘둘렀고 권력에 깊숙이 개입했다. 결국 16대 보안사령관을 지낸 김재규는 박정희를 쐈고, 20대 보안사령관 전두환과 21대 보안사령관 노태우는 대통령이 됐다.

김창룡 연표

- 1916년 7월 18일 함경남도 영흥군 출생
- 1938~41년 일본 관동군 헌병대 군속 근무
- 1941년 일본 관동군 헌병 보조원
- 1943년 중국 공산당 거물 왕진리 체포, 일본 관동군 헌병 오장^{하사} 특진
- 1945년 일제 패망 후 부역자로 2번이나 체포됐으나 탈출, 월남
- 1946년 국방경비대 5연대, 3연대 사병으로 입대
- 1947년 1월 조선경비사관학교 제3기 입교
- 1947년 4월 소위 임관
- 1948년 8월 육군본부 정보국 3과 배속, 대위로 승진
- 1948년 11월 여순사건 직후 숙군 작업 시작
- 1949년 6월 육군 정보국 방첩대^{CIC} 대장, 7월 중령으로 진급
- 1949년 6월 26일 김구 암살 사건 때 범인 안두희를 '체포'하고 특별 배려
- 1950년 8월 경남지구 방첩대장

- 1950년 10월 군·검·경합동수사본부 본부장, 북한군 부역자 처벌 주도
- 1951년 5월 15일 육군특무부대장
- 1953년 5월 육군 준장
- 1955년 1월 육군 소장
- 1956년 1월 30일 피살, 육군 중장 추서
- 1956년 2월 3일 건군 이래 최초의 국군장으로 장례
- 1998년 2월 대전 현충원 장군묘역으로 이장

이승만 권력구조의 변화

1948년 제헌의회에서 이승만은 국회의원들의 선출로 대통령이 됐다. 당시 초대 국회의원 선거에 좌익이나 민족주의 계열이 대거 불참했기 때문에 이승만은 어찌 보면 '범우익 진영'의 추대로 대통령이 된 셈이다. 따라서 절대적인 권력을 행사하긴 어려웠다. 장·차관을 교체할 때마다 정파 간 관계를 계산해야 했다. 이범석 초대 국방부 장관 같은 경우에는 여러 차례 이승만이 사직을 권했지만 응하지 않았다.

한국전쟁이 일어나고 1952년 부산정치파동을 벌이면서 군과 경찰을 장악한 이승만은 점차 권력이 강해졌다. 또한 국회 밖에 있던 우익단체들이 대거 국회로 들어와 '자유당'을 결성하면서 안정된 권력 토대를 다졌다. 반면 우익 중에서도 이승만에 반대하는 세력은 민주당으로 떨어져 나갔다.

이후 이승만 권력은 점차 소수에게 집중되는 형태로 이어졌다. 1955~1956년경 족청^{조선민족청년당}을 제거했고, 1956년 11월 사사오입 개헌이 되면서 종신 집권이 가능해진 이승만은 이기붕과 이승만 측근들을 중심으로 자유당을 운영하게 하는 당무 개편안을 밀어붙여 당내 반발을 무릅쓰고 성사시켰다. 자유당이 사실상 이승만 사조직이 된 셈이다.

이승만은 갈수록 소수의 강경파에게 기댔다. 이러한 강경파의 득세는 1960년 3·15 부정선거에서 여지없이 드러났다. 자유당과 내각 내 강경파의 주도로 공무원과 경찰이 광범위한 부정선거를 저질렀고, 60~70%만 해도 충분한 이승만·이기붕 득표율이 무려 95%나 나오는 계산 밖의 결과가 나타났다. 이에 3·15 선거 직후 전국에서 대규모 시위가 일어났으며, 자유당 내부에서도 비판이 쏟아졌다. 소수에게 권력이 집중됐기 때문에 전국적이고 복합적인 상황을 제어할 역량이 떨어진 것이다.

1960년 4월 19일 당무회의를 마친 자유당 정문흠 원내총무는 "부정선거 규탄 데모는 8월 15일까지는 계속될 것이며 당으로서는 아무런 수습책이 없다"고 고백했다. 일주일 뒤 이승만은 하야했고, 이승만 정권뿐 아니라 자유당도 함께 해체됐다.

참고자료

[자료]

친일반민족진상규명위원회, <친일반민족행위진상규명보고서>, 2009

[도서]

정길화 외 5인, <우리들의 현대침묵사>, 해냄, 2012

민족문제연구소, <친일인명사전>, 민족문제연구소 편집부, 2009

김석준, <미군정시대의 국가와 행정: 분단국가의 형성과 행정체제의 정비>, 이화여대 출판부, 2006

한용원, <창군>, 박영사, 1978

강준만, <대한민국 다큐멘터리>, 인물과 사상사, 2004

김주완, <토호세력의 뿌리>, 불휘, 2006

[논문]

박원순, 「전쟁부역자 5만여 명 어떻게 처리되었나」, 『역사비평』 9호, 1995

노영기, 「1945-50년 한국군의 형성과 성격」, 2008

노영기, 「국방경비대·육군의 세력 분포와 숙군」, 『史林』 33호, 2009

김득중, 「부역자 처벌의 논리와 법의 외부」, 『사회와 역사』 103호, 2014

[방송]

MBC, <이제는 말할 수 있다> '여수 14연대 반란', 1999

[웹사이트]

역사학연구소(ihs21.org)

일제도 감복한 친일 인사

김동한과 후예들

일제가 세운 동상

1939년 12월 7일 오전 11시 옌지^{연길} 서^西공원에서는 큰 행사가 열리고 있었다. 만주국과 일제 주요 인사, 친일 인사 등 수천 명이 참가한 이 행사는 한 사람의 동상과 기념비 제막식을 위한 자리였다. 당시 신문에는 이 행사를 다음과 같이 전하고 있다.

> "만주국 치안 숙청의 공로자이요, 동아 신질서 건설의 공로자인 고 관동군 촉탁 겸 협화회 중앙본부 촉탁 김동한 씨의 영구불멸의 위대한 공적을 영원히 기념할 김동한 동상과 간도협조회 기념비는 (…중략…) 위대한 공적을 표창하기 위해 하사품 전달식을 이소 옌지 헌병대장으로부터 거행한 다음(…후략…)."
> -〈만선일보〉 1939년 12월 10일 자 '고 김동한 씨 동상 제막식 성대 거행, 만선 대표 수천 명 참렬'

정리하자면 김동한이라는 사람의 동상과 기념비를 세우는

<만선일보> 1940년 2월 11일 자 조간 2면에 실린
연극 <김동한> 공연 모습

행사가 열렸고, 일본 헌병대장이 하사품을 전달했다는 내용이
다. 또한 기사에 기념사업회 등이 언급되는 것으로 봐서 김동
한에 대한 기념사업회도 있는 듯했다.

일제강점기 전후로 한반도와 만주에 숱한 친일파들이 있었
지만, 일제가 동상을 세워줄 정도로 우대받은 사람을 찾기는
극히 힘들다. 이뿐만 아니었다. 일제는 김동한에 대한 희곡을
공모해 김영팔(혹은 김우석)의 작품을 당선작으로 뽑았고, 그
희곡으로 연극 <김동한>을 제작했다. 이 연극은 1940년 2월
11일 일본 건국 2600주년을 기념해 만주국 수도 신징의 협화
회관에서 대규모로 상연됐다.

도대체 김동한이 누구이기에 이런 대우를 받는 것일까?

변신의 귀재

김동한은 1892년 함경남도 단천군 파도면 하서리 3번지에서 태어난다. 평양대성중학교를 나와 1910년 일제가 대한제국을 식민지로 만들자 고향 선배이자 독립운동가인 이동휘를 따라 간도로 이주했다. 1911년 4월 러시아 장교 육성학교인 하바롭스크 육군 유년학교에 입학했으며, 1913년 4월 이르쿠츠크사관학교에 입학해서 1916년 3월 졸업했다. 1916년 러시아군 이르쿠츠크 보병 제27연대 소위로 임관했다. 제1차 세계대전 당시 벨라루스 민스크 지역에서 활동했다. 1917년 러시아혁명이 일어나자 그는 모스크바에서 공산당에 입당했으며, 백군러시아혁명 반대 세력과 전투를 벌였다.

러시아혁명의 주역 트로츠키의 신임을 받아 그는 조선인 공산주의자 가운데 선두에 나섰다. 고려공산당 군사부 위원, 고려여단 검사단 위원, 적위군 조선혁명군 장교단 연대장을 역임했다. 1921년 5월 4일 소련에서 열린 이르쿠츠크파 고려공산당 공동의장에 추대되면서 조선인 공산주의 사회에서 상당한 영향력을 확보했다. 그러나 1922년 6월 20일 그는 반유대주의유대인 반대운동에 참가한 죄로 소련 공산당에서 제명당하고 블라디보스토크 감옥에 수감됐다. 당시 소련군 정치장교 가운데 10.3%가 유대인이고 트로츠키 또한 유대인일 정도로 러시

會를 組織하고 總務로잇다가 禮
海州에 歸하야 朝鮮人勸業社關係
陽正員으로잇엇고 同七年엔 沿海
州아우진 세부지엔고 빠르지산司
令部에서 勤務하다가 沿海州한가
아라이온第二區 빠르지산區域隊
長을 任하엿고 同八年에 黑龍州
아레구세부스크 朝鮮人軍事委員
組織部長으로 이류쿠스크에 開催
된 高麗共産黨第一回大會 軍事委員
等을 歷任하엿고 同九年에 모스
크바 軍政學校異成科를 卒業하고
第三國際共産黨南露海州部에 軍
事委員兼中央幹部와 第二軍團司
令部情報員까지 하엿습니다 그리
고 赤白軍體軸에 出戰도 하엿으
며 朝鮮革命軍將校團長도 지내고同
十一年에 反猶人運動을 劇烈하다
가 發覺되어 出當處分을 받고 捕
나 軍事監獄에 監禁되엇다가 功動
애 依하야 釋放되고 同十二年에

中國奉直戰爭時에 吳佩孚의 第一
路 司令으로잇섯고 同十三年에
淸國으로 入去하다가 逮捕監禁되
엿다가 日本領事館에 引渡되야 朝
鮮에 護送되엿습니다
그리하야 그後는 方向을轉換하
야 活動하다가 四年前엔 羅津에
서 築港請負工事를 하다가 失敗
하고 再昨年九月 間島協助會長
이되어 滿洲 몸에서 맹렬케
活動하든 政治的手腕家입니다 氏
는 露語 中華語 精通하엿고 日語
에 妙한는關係로 當面活動엔 適
時的人物입니다

<동아일보> 1936년 4월 1일 자에 실린 김동한 사진과 관련 기사

아혁명 초기 유대인의 비중은 컸다.

1923년 감옥에서 석방된 후 김동한은 공산주의를 포기하고 중국 군벌 수장 오패부 휘하로 들어간다. 오패부 휘하에서 그는 중소변경지구^{중국·소련국경지역} 제1육군사령관으로 활약한다. 1924년 연해주에서 소련 당국에 일본인 밀정 혐의로 체포돼 블라디보스토크에 있는 일본영사관을 통해 조선으로 돌아왔다. 이 과정에서 어떤 경위로 체포되었고, 소련은 왜 일본에 넘겼는지, 일본은 왜 조선으로 데리고 와 그를 풀어줬는지 정확한 사정은 알 수 없다. 그러나 복잡한 당시 정세 속에서 그 역시 위태로운 줄타기를 거듭했을 것으로 추측한다.

1910~20년대 그가 걸어온 길을 정리하면, 초기에는 이동휘 등과 함께 독립운동을 하고자 러시아군에 투신했으나, 러시아 혁명 이후 공산주의에 투신했고, 다시 중국 군벌 휘하에 있다가 조선으로 들어왔다. 이 과정에서 김동한은 수완이 대단했던 것으로 보인다. 〈동아일보〉 1936년 4월 1일 자에 실린 기사에서 그는 "정치적 수완가 김동한 씨"로 소개됐고, 만주국 삼림경찰대장 이응범도 그를 "만주 넓은 뜰에서 발 넓게 활동하던 정치적 수완가"로 표현했다. 그는 러시아어와 중국어에 능통하고, 일본어에도 능숙했던 것으로 알려져 있다.

그런 그가 1925년 조선에 들어온 후 '극렬 친일'로 마지막 변신을 했다.

"나는 조선에서 태어난 일본인"

　김동한은 국내에 들어온 직후 고향 단천군에서 활동한 것으로 보인다. 건설회사를 하면서 나진 지역에 항구를 만드는 일을 했는데 이는 일제의 허락 없이는 불가능한 일이었다. 1926년 12월 21일 단천농민연합회를 출범시키려 했으나 실패하고, 1928년 1월 지역 유지들과 함께 단천 사회단체연합회관 건립 모금운동에 나섰다. 1928년 3월 30일에는 단천기자단 의장을 맡았다. 1928년 6월 기근구제회라는 이름으로 빈민구제 단체를 설립한 것을 끝으로 국내 신문 지상에는 한동안 등장하지 않는다.

　1931년 일제는 만주를 침략해 허수아비 만주국을 세우고 본격적인 대륙 침략을 시작했다. 일제는 만주와 한반도를 대륙 침략의 후방기지로 건설하고자 했다. 특히 만주 동부지역에서 광범위하게 활동하고 있는 항일 조선인 세력, 중국공산당 세력이 가장 큰 골칫거리였다. 오랜 시간 만주지역 주민들과 항일세력은 긴밀한 연대 관계를 맺고 있었고, 일제는 이들의 연대를 깨는 것이 쉽지 않았다. 일제는 1932년 8월 7일 항일세력을 소탕하기 위해 소위 '해란강 대학살 사건'을 일으켜 주민 수천 명을 살해했다. 더 나아가 1933년 11월 하순부터 이듬해 봄까지 2차 학살을 자행했으나 만주 주민의 원한을 사 항일유격대는 오히려 세를 불렸다. 특히 중국인과 조선인은 일제를 '공동의 적'으로 인식해 함께 조직을 건설하고 무장 투쟁을 벌였다.

결국 일제는 직접적인 타격보다는 항일세력 간 내분을 일으켜 세력을 약화시키는 방식을 채택할 수밖에 없었다. 이때 일제가 선택한 사람이 김동한이다.

김동한은 조선인 출신으로 러시아어, 중국어도 잘할 뿐 아니라 과거 화려한 이력으로 폭넓은 인맥과 뛰어난 수완을 가지고 있었다. 거기에다가 일제에 대한 충성심도 상당했다. 그는 공공연히 "나는 조선에서 태어난 일본인"이라고 말했다.

1934년 9월 6일 일본 관동군 헌병사령부 연길헌병대장 가토 중좌와 연길독립수비대장 다카모리 중좌는 김동한을 내세워 간도협조회를 창설했다. 간도협조회는 겉으로는 "아시아주의 정신을 배양하여 만주국의 발전을 도모하기 위함"이라고 천명하고, 만주국에 협조하는 조직으로 위장했다. 일제는 직접적으로 개입하지 않고 후방에서 지원하는 역할을 맡았다.

간도협조회는 김동한의 수완으로 빠르게 성장했다. 설립 1개월 만에 회원 수가 1000명을 넘어섰고, 1년 뒤인 1935년에는 6411명으로 늘어났다. 간도협조회장은 김동한이며, 대부분의 간부들은 항일운동 경력이 있거나 공산주의 활동 전력이 있는 조선인이었다. 변절자들의 집합체라고 할 수 있다.

항일무장단체인 조선혁명군 동태를 감시한 밀정의 보고서 /독립기념관

　　간도협조회는 산하에 특별공작대와 의용자위단을 두고 있
었다. 이들이 바로 항일세력 내에 침투해 내분을 일으키거나
때에 따라서는 직접적으로 무력을 사용해 항일세력을 분쇄하
는 집단이다.

　　1934년 12월 특별공작대 부대장인 류중희는 정찰을 통해
연길현 소태평구 계수동 5호촌에 있던 항일지도층 13명을 체

포했다. 1935년 1월 24일 특별공작대 분반장을 맡은 강현묵이 제공한 정보를 따라 일제는 군을 투입해 중국공산당 연길현 조양천지부와 황백동지부를 파괴했다. 1935년 10월 2일 돈화현 간도협조회 공작원인 김남길이 제보한 정보에 따라 일본군 토벌대는 항일유격대원 20명을 습격했으며, 9일에는 김남길이 항일유격대 삼합부대가 이전한다는 정보를 일본군에게 알려 줘 이 부대를 습격했다. 1936년 7월에서 9월까지 정보원을 대거 파견해 천보산 광산 골짜기, 유수천 등지에 산재해 있던 항일유격대를 습격해 많은 유격대원들을 체포하고, 상당한 물자를 빼앗았다.

간도협조회는 일정 수준의 무력도 지니고 있었기 때문에 소규모 전투는 직접 치르는 것도 많았다. 설립 9개월 만에 간도협조회는 중국공산당 지하당 조직과 연락소 170여 곳을 파괴했다. 1935년 10월 김동한은 직접 공작원을 데리고 왕청현에 있던 중국공산당 4개 지부를 파괴하고 100여 명을 체포했다. 1936년 2월 20일에는 항일유격대원 50명을 함정으로 유인해 투항시켰다. 7월 7일에는 돈화현에서 항일무장단체인 동북항일연군(줄여서 '항일연군'이라고도 한다. 중국-조선인 항일연합군으로 김일성도 동북항일연군 소속이다) 부대원 25명을 사살했다.

또한 간도협조회는 항일세력들의 약한 심리적 고리를 노려

선전강연, 삐라 살포 등을 통해 그들을 유인하거나 투항시켰다. 이때 거물급 인사는 김동한이 직접 담판을 지어 집단으로 투항시켰다. 이렇게 김동한의 활약으로 투항·체포된 인원이 최대 2500명이 넘는다고 알려져 있다. 1934년 당시 활동하던 동만주 지역 항일유격대원 숫자가 1253명에 불과한 것을 고려한다면 김동한의 활약이 얼마나 대단했는지 알 수 있다.

김동한은 투항한 자들을 매우 영리하게 활용했다. 그들을 광산이나 벌목 노동자 속에 침투시켜 정보원으로 활용하거나, 간도협조회 회원으로 만들어 지속적으로 관리했다. 또한 일본군 헌병대의 협조를 받아 공작원들에게는 매월 25~30원의 수당을 지급했다. 당시 80킬로그램 쌀 2가마를 살 수 있는 금액인데, 경제력이 빈약한 만주지역에서는 적지 않은 돈이었다.

하지만 김동한과 간도협조회의 가장 큰 '공'은 따로 있었다. 당시 만주지역 항일세력은 중국인과 조선인이 함께 조직을 만들고, 한솥밥을 먹으면서 일제와 싸웠다. 대표적인 것이 동북항일연군 등이었다. 그러나 한솥밥을 먹으며 일제와 싸우더라도 조선인과 중국인은 때때로 갈등하고 분열하고 충돌하기 일쑤였다. 김동한은 이 점을 노렸다.

1935년 1월 초 간도협조회는 허기열, 허진성을 침투시켜 항일세력인 동북인민혁명군 2군 독립사 식량운수 책임자인 한영호가 아직 복귀하지 못했다는 사실을 알아냈다. 이를 이용해 내부 분열책을 쓰기로 했다. 이들은 보초병을 때려눕히고 총 2자루와 수류탄 2개를 빼앗아 가지고 달아났다. 달아나면서 한영호와 관련이 있는 척 슬쩍 말을 흘렸다.

이 때문에 한영호는 돌아오자마자 중국인 '동지'들에게 온 갖 고문을 당하고 결국 자신이 민생단원이라고 허위 자백했 다. 민생단은 일제가 만든 친일조직이었다. 한영호는 고문에 의해 동북인민혁명군 제2군 독립사 사장인 주진과 제1연대장 박춘 등 8명도 민생단 요원이라고 허위 자백했다.

항일단체 조선인 주요 간부가 친일조직원이라는 말에 만주 지역 항일세력은 발칵 뒤집어졌다. 안 그래도 항일조직 안에 서 조선인은 무조건 민생단 혐의를 몰아붙여 고문하고 조직원 을 대라고 강요당하는 일이 곳곳에서 벌어지던 참이었는데, 김 동한은 여기에 기름을 부은 셈이었다.

민생단 사건으로 항일세력이 내분에 휩싸이는 것을 본 김 동한은 이를 더욱 부추기고자 온갖 공작을 벌였다. 예를 들 어 김동한은 중국공산당 왕천현 서기인 송일에게 편지를 남겨 "전번에 이야기한 유격구에 관한 비밀조사보고는 새로 파견한 공작원과 면담하기 바란다"고 적었다. 이 편지를 고의로 중국 인에게 발견되도록 하였다. 이를 본 중국공산당은 바로 송일 을 총살했다.

당시 중국공산당이 받은 충격이 어땠는지 알려주는 자료가

있다. 중국공산당 동만주특위 기관지인 〈양조전선〉에는 다음
과 같은 글이 실려 있다.

"당과 공산당 청년단은 말할 것도 없고 부녀 조직과 아동
조직에도 들어왔다. (…중략…) 일제의 묵인 아래 형형색
색의 조선인 민족주의자, 파벌주의자가 모두 주구단(친일
세력) 앞에 모여 민생단 골간이 됐다."
-〈양조전선〉

항일여성유격대원들

아마 당시 항일 활동을 하는 중국인에게는 거의 모든 조선인들이 민생단 혐의자로 보였을 것이다. 민생단 혐의를 받으면 대부분 고문을 받고 총살당하는 수순밖에 없었다. 이런 점을 또 활용해 김동한은 민생단 혐의를 받고 있는 인사들에게 접근해 이들을 투항시키거나 변절시켰다. 당시 민생단 사태로 죽은 조선인 항일 인사만 최소 400명에서 최대 2000명에 달하고 투항한 숫자도 상당했다. 그야말로 항일운동에 엄청난 타격을 준 것이다. 특히 만주 내 중국인과 조선인을 분열시킴으로써 항일연합전선에도 치명타를 입혔다.

일제가 조선인 김동한을 우대하고 영웅시한 배경에는 이런 엄청난 활약이 있었던 것이다. 조정래 소설 〈아리랑〉에도 김동한이 등장하는데, 그는 대지가 700평이 넘는 대저택에 경비원들과 경비견을 데리고 살았던 것으로 묘사되어 있다.

1936년 7월 10일 김동한은 일제로부터 훈6위 경운장을 받았으며, 1936년 만주지역 친일세력을 총결집한 만주국 협화회가 생기면서 간도협조회는 그해 12월 협화회에 흡수 합병된다. 김동한은 만주국 협화회 삼강성 특별공작대 부장에 임명됐다. 협화회는 일제가 친일조직을 관리하기 위한 최상위 단체로 모든 친일단체나 친일조직은 협화회 산하에 들어가게 됐다. 일본-한반도에는 협화회, 만주지역에는 만주국 협화회를 따로 만들었다. 3장에서 언급한 박춘금과 상애회도 협화회에

협화회 중앙본부 모습

소속됐으며, 간도협조회는 만주국 협화회에 편입됐다. 당시 김동한의 친일경력은 10여 년에 불과했지만 협화회에서 간부를 맡을 정도로 일제뿐 아니라 범친일세력에게 '인정'받고 있었다.

그러나 김동한의 수법도 함경북도 출신의 독립운동가 김근에게는 통하지 않았다.

1937년 12월, 김동한은 동북항일연군 제8군 1사 정치부 주임 김근을 투항시키려 하였다. 김동한은 김근과 서신을 여러 차례 주고받다가 심복을 보내 담판을 짓게 했다. 김근은 김동한과 직접 대면 담판을 짓자고 요청했다. 김동한은 자신만만하게 김근의 제안에 동의했다. 이미 이런 식으로 투항한 인사가 매우 많았기 때문이다. 김동한은 12월 7일 약속대로 통화현 일본인 경찰대장과 경무국장 등 수행원 13명을 거느리고 김근과 만나기로 한 비밀장소에 나갔다. 그러나 이는 김근의 함정이었다. 김동한과 수행원 13명은 모두 김근이 매복해 놓은 동북항일연군에 사살당했다. 그의 나이 45살이었다.

김동한을 죽인 김근은 그 목을 잘라 통화현성 성문에 걸어 놓았다. 만주 항일세력들의 치를 떨게 만든 김동한은 이렇게 죽었다.

김동한의 후예, 간도특설대

김동한은 이렇게 죽었지만, 일제로서는 얻은 것이 매우 많았다. 항일세력 내 침투 방법, 그들의 약한 고리, 민족감정 활용 등 다양한 전략 전술을 김동한에게서 배운 것이다. 조선인 특무조직의 효용을 알게 된 일제는 이를 본격적으로 이용하기 시작했다.

1938년 9월 15일 만주국 치안부 산하 부대로 간도특설대 창설이 결정됐다. 간도특설대는 1939년 3월 정식으로 발족했다. 간도특설대는 장교 중 절반가량이 일본인일 뿐 나머지는 모두 조선인으로 이뤄진 부대로 그 규모는 300~350명 선이었다. 중학교 졸업 정도의 학력을 가진 18~20세 청년이면 누구나 지원할 수 있으며 3년 동안 복무하고, 자신이 원하면 만주국 하사관이나 장교로 승진할 수도 있다고 선전했다.

간도특설대는 철저하게 친일사상교육을 받았다. 당시 특설대원들이 매일 불렀다는 노래는 다음과 같은 내용이다.

> 시대의 자랑, 만주의 번영을 위한
> 징병제의 선구자, 조선의 건아들아!
> 선구자의 사명을 안고
> 우리는 나섰다. 나도 나섰다.
> 건군은 짧아도
> 전투에서 용맹을 떨쳐
> 대화혼^{大和魂}은 우리를 고무한다.
> 천황의 뜻을 받든 특설부대
> 천황은 특설부대를 사랑한다.

특설대원은 철저하게 장교에게 복종하는 법을 배웠고, 훈련 또한 엄정해서 사격대회 등에서 다른 부대를 누르고 우수한 성적을 거두기도 했다. 그러나 간도특설대는 전투·토벌보다는 첩보·정보 부대에 가까웠다. 간도특설대가 가져온 정보는 일제가 1940년대 초 팔로군^{중국 공산당 계열 전투부대}과 동북항일연군을

토벌 중인 간도특설대 모습

토벌하는 데 큰 도움이 됐다.

1939년 4월 간도특설대는 첫 번째 임무에 나서게 된다. 안도현에 있는 동북항일연군 토벌에 참가해 실전을 체험했다. 이후 간도특설대는 일본군과 함께 작전을 펼치거나 첩보를 수집하는 일을 주력으로 삼았고, 때에 따라서는 단독으로 토벌작전을 수행하기도 했다. 간도특설대가 가는 곳마다 악명이 높았다. 역사학자 필립 조웰은 "일본군의 만주 점령 기간 동안 간도특설대는 잔악한 악명을 얻었으며, 그들이 통치하는 광범위한 지역을 황폐화시켰다"고 언급했다. 간도특설대는 첩보·공작 부대에 가까웠지만 토벌 전문 부대로 오인될 정도로 가는 곳마다 온갖 잔악행위를 일삼았다. 간도특설대의 잔악행위

중 알려진 것을 정리하자면 다음과 같다.

-1939년 5월 특설대는 야간 토벌을 진행하던 중 산림 속에서 불빛을 발견하고 체포해 보니 산나물을 뜯는 부근 주민이었다. 특설대 장교들은 이 사람을 칼로 찌르고 불에 태워 죽였다.

-1939년 7월 특설대는 '천보산 금광'이 항일연군에게 습격당했다는 소식을 듣고 안도현에서 항일연군을 추격하던 중 동북항일연군 병사의 시신을 발견하고, 그 간을 도려냈다. 당시 일본군은 항일병사를 잡으면 의료용 메스로 산 채로 배를 갈라 생간을 꺼내는 '전문병사'가 있을 정도였다. 특설대에도 이런 문화가 이식된 것으로 보인다.

-1941년 겨울 안도현에서 항일연군 여성 병사 2명(4명이라는 설도 있음)을 체포했는데, 강간을 하려 했으나 뜻대로 되지 않자 모두 살해했다.

-1944년 4월 특설대는 하북성 유수림자 인근 한 마을을 습격해 마을 패장^{村長}을 불러 놓고, 중국공산당 팔로군과 소통한다며 칼로 찔러 죽였다. 특설대 일본군의관은 죽

은 패장의 머리를 베어 가마에 넣어 끓인 다음 자기 사무실 책상 위에 올려놓았다.

-1944년 5월 역시 유수림자 인근 마을에서 40대 남성을 붙잡아 사격장으로 끌고 가 사격 연습을 했다. 당시 특설대원들은 밤만 되면 마을에 나타나 부녀자를 강간하는 등 온갖 나쁜 짓을 저질렀다.

-1944년 5월 마을에 돌아다니면서 수사를 하다 과거 항일운동을 한 주민 2명을 체포해 목을 잘랐다. 특설대는 이것으로 팔로군과 교전 중 죽은 대원들을 위로하는 제사를 지냈다.

-1944년 10월 하북성 석갑진 부근 마을에 특설대가 나타나자 마을 사람들이 도망을 쳤는데, 특설대원들은 마구난사를 했다. 한 임신부가 총에 맞았는데 특설대원들은 그녀의 배를 갈라 태아가 흘러나오도록 했다.

-1944년 9월 팔로군 토벌에서 패배한 특설대는 분노를 참지 못하고 20호에 달하는 주민의 집을 불태우고 2명의 주민을 칼로 찔러 죽였으며 마을의 돼지 2마리를 잡아갔

213

다. 특설대원들은 자주 마을을 약탈했다.

-하북성 사진집 일대에서 특설대는 36차례 토벌과정에서
주민 103명을 살해하고 62명을 체포했다. 이때 팔로군 환
자 6명을 생포했는데, 고문을 하고 모두 죽었다.

이 외에도 체포돼 고문을 당한 사람과 재산이 불에 타거나
약탈당한 주민들은 셀 수 없이 많았다. 간도특설대는 토벌보
다 첩보가 주 업무였고, 때에 따라서는 사복을 입고 마을을
정탐하기도 했다. 그럼에도 그들의 손에 죽은 사람이 알려진
숫자만 172명에 달했다. 특설대원이 300명 내외인 점에 비춰
보면 그 숫자가 적지 않은 셈이다. 1945년 3월 21일 만주국 국
무원에서는 간도특설대원들의 공을 치하해 대원 가운데 175명
에게 훈장을 수여했다. 조선인이 167명이었고 일본인이 8명이
었다.

1945년이 되면서 만주지역 항일세력은 거의 다 토벌됐고,
특설대의 임무도 줄어들었다. 그러나 1945년 8월 일제 패망이
가까워지면서 소련의 침공과 함께 팔로군이 봉기하자 특설대
는 토벌전에 다시 나섰다.

간도특설대는 1945년 8월 15일 일제의 항복선언도 알지 못
한 채 팔로군 토벌전에 매진하고 있었다. 8월 20일 팔로군 토

벌 과정에서 팔로군인들이 일제 패망을 알려주었다. 그제야 특설대원들은 서둘러 진저우로 퇴각하고 8월 26일 부대 해산식을 열었다. 당시 일본인 장교들은 이탈하고 없었고, 선임장교인 김백일 상위[대위급]가 각 대원들에게 여비를 주면서 해산을 시켰다. 한편, 이 소식을 모르고 있던 특설대 신병보충대에 있던 훈련병들은 8월 24일 밤 소련군과 전투를 벌이다 전면 도주했고, 8월 31일에 이르러서야 부대를 해산했다.

만주의 친일파 군상들

1931년 일제가 만주를 침공하고 만주국을 세우자 조선인들에게는 출세의 길이 열렸다. 만주국이 비록 일제가 세운 허수아비 나라지만 일단 형식상으로나마 국가체제를 갖춰야 하고, 또 만주를 배후기지로 삼아 대륙으로 침략하려는 일제의 전략 때문에 만주에는 다양한 인적자원이 필요했다. 그래서 만주는 그야말로 온갖 친일 군상들이 모여든 곳이 됐다. 이 가운데 일제를 위해 가장 큰 공을 세운 사람이 앞서 언급한 김동한이었다.

김동한 이외에도 만주지역에서 일제를 위해 일한 주요 인사를 정리하면 다음과 같다.

최남선

최남선 1919년 3·1운동 당시 독립선언서 초안을 잡았던 사람이다. 출옥 이후 점차 친일로 변해 1928년에는 조선사편수회 촉탁을 거쳐 위원으로 활동했으며, 1930년대 식민 역사관을 수립하는데 일조했다. 1936년 조선총독부 중추원 참의를 거쳐 1938년에 만주에서 친일 신문 〈만선일보〉와 〈만몽일보〉 편집고문을 맡았다. 1938년 만주국 최고 엘리트 교육기관인 만주건국대학 교수로 부임해 1943년까지 강의를 했다. 1943년 11월 일본에 유학 중인 조선인 학생들의 학병지원을 권유하는 활동을 했다. 해방 후 반민특위에 체포됐다가 보석으로 풀려났다. 이후 신문과 잡지에 기고를 꾸준히 했다.

이범익

이범익 구한말 관직에 오르기 시작해 러일전쟁 당시 일본군 통역을 하면서 일본과 연을 맺었다. 1929년 강원도지사에 임명됐으며 1931년 고등관 1등으로 승진해 조선인으로서는 유례를 찾기 힘든 최고위직에 올랐다. 만주국이 성립되자 만주국은 간도지역을 '간도성'으로 승격시키고 이범익은 간도성 성장으로 취임했다. 1938년 간도특설대 창설을 처음으로 제안한 사람이다. 해방 후 반민특위에 체포됐으나 기소유예 처분으로 풀려났고, 한국전쟁 당시 납북됐다.

이선근

이선근 개성 출신으로 일본 유학을 한 후 〈조선일보〉 기자로 있다 1937년 만주 만몽산업주식회사 상무이사로 일했다. 관동군에 군량미를 공급했으며, 만주국 협화회 협의원을 지냈다. 해방 이후 1954~1956년 문교부교육부 장관을 거쳐 한국정신문화연구원현 한국학중앙연구원 원장을 지냈다. 이후 성균관대학교 총장, 영남대학교 총장을 역임했다.

백선엽

백선엽 만주 봉천군관학교 출신으로 1943년 만주군 소위로 임관했다. 간도특설대에서 근무했고 일제 패망 당시 중위였다. 고향 평안남도에 돌아가 평안남도 인민위원회 치안대장, 조만식의 비서를 잠시 지내다 1945년 12월 간도특설대 시절 상관인 김백일과 함께 서울로 내려왔다.

217

1948년 11월 박정희 소령이 김창룡에 의해 남로당 가담 혐의
로 체포되자 구명에 나섰고, 1952년 7월 육군참모총장 겸 계
엄사령관을 지냈다. 1953년 한국군 최초로 대장 진급을 했다.
1969년부터 1971년까지 교통부 장관을 지냈으며, 최근까지 그
를 '명예원수5성 장군'로 추대하자는 움직임이 있었다. 동생인 백
일엽도 형과 비슷한 행보를 보였다.

김백일 간도 출신으로 1936년 봉천군
관학교에 들어가 1937년 12월 만주군 보
병 소위로 임관했다. 간도특설대 창립 때
부터 해산 때까지 계속 근무하였고 직위
는 상위대위급에 이르렀다. 해방 후 백선엽
등과 함께 월남해 국방경비대 3연대장,
국방경비사관학교 교장 등을 지냈다. 한

김백일

국전쟁 때 육군 준장으로 제1군단장을 맡았고 1950년 말 흥
남철수 당시 미군을 설득해 피난민을 수용한 공이 있다고 알
려졌다. 1951년 대관령 상공에서 비행기 사고로 사망했다.
2011년 5월 27일 거제포로수용소 유적공원에 그의 동상이 건
립됐다.

정일권

정일권 일본 육사 55기. 1943년 만주국 헌병대 사령대대장을 지냈다. 만주국 고급장교 양성학교인 군사고등학교 2기 합격자 중 유일한 조선인이었다. 졸업 직전 패망을 맞이했다. 1950년 한국전쟁이 일어나자 육군참모총장 겸 3군총사령관에 임명됐다. 1956년 육군 대장으로 예편했으며 1963년 박정희가 대통령에 취임하자 외무부장관이 됐다. 1964년부터 1970년까지 6년 7개월 동안 국무총리로 재임했다.

배정자

배정자 김해에서 태어나 오랫동안 일본의 최고급 밀정스파이으로 한반도와 만주지역을 누볐다. 1919~1920년 만주 일대를 정탐하고 도쿄에 가서 총리대신과 외무대신에게 보고했다. 이후 주로 만주와 몽골지역을 돌면서 조선인들의 거동을 염탐하는 한편, 항일 인사 김일원 등을 설득해 전향시켰다. 〈독립신문〉에서는 그녀를 '요망한 여자'로 비판하고 있으며, 대한민국 임시정부 경무국에서는 그녀를 지명수배했다. 조선총독부 촉탁을 맡았으며 태평양전쟁 시기에는 조선 여성을 동원해 일본군 위문대를 조직했다. 해방 후 반민특위에 체포됐으나 고령을 이유로 석방됐으며 1952년 사망했다.

이 외에도 박정희, 최규하 두 전직 대통령이 젊은 시절 만주에서 활동하는 등 만주는 출세를 위한 관문으로 많은 조선인들이 불나방처럼 달려들었다. 이들 대부분 만주국에서 출세를 하기보다는 일제 패망 이후 남한에서 고위직을 지내면서 '출세의 꿈'을 달성할 수 있었다.

김동한 연표

- 1892년 함경남도 단천 출생
- 단천공립보통학교, 평양 대성중학교 졸업
- 1910년 이동휘 등과 함께 간도로 이주
- 1911년 4월 러시아 하바롭스크 육군유년학교 입학
- 1913년 4월 이르쿠츠크 사관학교 입학
- 1916년 러시아군 이르쿠츠크 보병 제27연대 소위 임관, 1차 세계대전 참전
- 1917년 공산당 입당
- 1921년 고려공산당 군사부 위원, 고려혁명군 장교단장
- 1922년 6월 20일 반유대주의 운동 참가 이유로 제명, 블라디보스토크 감옥에 일시 수감
- 1923년 중국 군벌 오패부 산하에서 소만국경 사령관을 지냄
- 1924년 12월 6일 친일밀정 혐의 및 중국인 밀정과의 내통 혐의로 소련군에 체포

- 1925년 8월 일본영사관에 인도, 고향으로 귀향
- 1925~1930년경 함경남도에서 건설업과 사회활동을 함
- 1930년경 만주로 감
- 1931년 민생단 조직에 잠시 참여
- 1934년 9월 6일 간도협조회 조직, 회장
- 1935년 관동군 헌병대사령부 북지 파견공작반 반장
- 1936년 6월 만주국 협화회 동변도 특별공작부 부장
- 1937년 1월 만주국 협화회 중앙본부 지도부 촉탁
- 1937년 12월 7일 흑룡강성 이란현 인근에서 김근의 매복에 걸려 사망
- 1939년 12월 일제 주도로 옌지에 동상 및 기념비 건립
- 1945년 일제 패망 후 동상 및 기념비 파괴됨

공산주의와 독립운동

1917년 강대국 제정러시아에서 볼셰비키 혁명으로 공산화가 되면서 전 세계에 엄청난 폭풍을 몰고 왔다. 당시 한반도 내 많은 독립운동가들이 만주나 중국으로 이주했는데 이들이 1차적으로 공산주의에 빠져들게 되고 곧 한반도 내 지식인, 일본 내 조선인 지식인 등 지식인에게 공산주의가 들불처럼 번지게 됐다.

특히 국제 공산세력 연합체인 코민테른은 전 세계 공산화를 위해 식민지 민족해방운동을 지원하기로 결의하면서 독립운동가들과 독립운동단체들은 공산주의와 손을 잡았다. 코민테른 입장에서 자본주의 국가들(미국, 영국, 프랑스, 일본 등 제국주의 국가)을 붕괴시키기 위해서는 이들의 식민지를 독립시키면(민족해방) 자본주의 국가들은 인적 물적 공급지를 상실하게 되고 이는 자본주의 몰락으로 이어진다고 예상했다. 이런 방침이 정해지자 국내외 독립운동가들은 더욱 더 공산주의와 손을 잡게 됐다. 특히 독립운동의 장이었던 만주는 소련과 중국의 영향력이 직접적으로 미치는 공간이었기 때문에 더욱 공산주의를 접하기 쉬웠다.

대부분의 항일단체들이 공산주의자 혹은 사회주의자들과 협력했다. 이는 일본의 대응에서도 잘 드러난다. 일본군은 항일세력을 토벌할 때 '조선민족해방운동을 토벌한다'고 하지 않았다. '공비나 빨치산을 토벌한다'고 했다. 일본의 입장에서 민족해방운동이나 공산주의자들이나 매한가지로 보였기 때문이다.

문제는 이렇게 형성된 공산주의-사회주의자들과 기존 민족주의 계열 독립운동가들이 쉽게 결속하지 못한다는 점이었다. 1923년 대한민국임시정부가 좌우 독립운동 진영을 뭉치려 했으나 실패했고, 이후 꾸준히 민족통일전선운동 논의가 이어졌다. 이 과정에서 1927년 신간회가 등장해 좌우익 합작이 어느 정도 성과를 거두는가 했지만 지도부가 타협주의로 나서자 지역조직이 반발해 결국 해소됐다. 1940년대 다시 대한민국임시정부를 거점으로 좌우익 합작운동이 일어났고 어느 정도 성과를 거두었으나 여전히 독립운동단체는 사방에 흩어진 채 완전한 결속을 보이지 못한 가운데 해방을 맞았다. 결국 해방정국의 혼란은 이미 예견된 셈이다. 한편, 좌우익과는 별개로 무정부주의^{아나키즘} 운동이 1920~30년대 한반도와 일본 내 조선인들에게 인기를 끌었다. 단재 신채호가 대표적이었고, 의열단원 가운데서도 아나키즘 성향을 가진 단원이 있었다.

참고자료

[자료]

친일반민족진상규명위원회, <친일반민족행위진상규명보고서>, 2009

[도서]

김효순, <간도특설대>, 서해문집, 2014

류연산, <일송정 푸른 솔에 선구자는 없었다>, 아이필드, 2004

민족문제연구소, <친일인명사전>, 민족문제연구소 편집부, 2009

강만길, <20세기 우리 역사>, 창비, 1999

임경석, <초기 사회주의 운동>, 『한국독립운동의 역사』 42권, 독립기념관, 2009

[논문]

손춘일, 「만주국시기 間島조선인 '特設部隊' 연구」, 『제7회 세계한국학대회 논문』, 2014

송유미, 「간도지역 민생단 사건의 성격과 의미 연구」, 『次世代 人文社會研究』 6호, 2010

문경연 최혜실, 「일제말기 김영팔의 만주활동과 연극 <김동한>의 협화적 기획」, 『민족문학사연구』 38호, 2008

김주용, 「만주지역 간도협조회의 조직과 활동」, 『한국민족운동사연구』 55호, 2008

한홍구, 「민생단 사건의 비교사적 연구」, 『韓國文化』 25호, 2000

김성호, 「민생단사건과 만주 조선인 빨치산들」, 『역사비평』 51호, 2000

[방송]

MBC, <이제는 말할 수 있다> '만주의 친일파', 1999

초판 1쇄 발행 2016년 2월 24일
초판 2쇄 발행 2018년 1월 29일

지은이   임종금
펴낸이   구주모

편집책임   김주완
표지·편집 서정인

펴낸곳   도서출판 피플파워
주소   (우)51320 경상남도 창원시 마산회원구 삼호로38(양덕동)
전화   (055)250-0190
홈페이지   www.idomin.com
블로그   peoplesbooks.tistory.com
페이스북   www.facebook.com/pepobooks

ISBN   979-11-86351-03-1(03910)